¡¿CONSIDERAS ESTO!?

Guía del Empresario para Alcanzar el Éxito

KEITH HERMAN

Copyright © 2023 por Keith Herman

Primera edición

¡¿Consideras Esto?! Guía del Empresario para Alcanzar el Éxito

ISBN PDF 979-8-9875795-7-2

Número de control de la Biblioteca del Congreso: 2023900493

Todos los derechos reservados. Este libro no puede ser reproducido ni en todo ni en parte, ni transmitido de ninguna forma, sin permiso escrito del editor, excepto por un crítico que puede citar breves pasajes en una reseña. Ninguna parte de este libro puede ser reproducida, almacenada en un sistema de recuperación o transmitida de ninguna forma o por ningún medio gráfico, electrónico, mecánico, fotocopia, grabación u otro, sin permiso escrito del editor.

Keith Publishing

3109 Grand Avenue #101, Miami, Florida 33133

Derechos de autor, aviso legal y descargo de responsabilidad

Esta publicación está protegida por la Ley de Propiedad Intelectual de EE.UU. de 1976 y todas las demás leyes internacionales, federales, estatales y locales aplicables. Todos los derechos están reservados, incluidos los derechos de reventa. Si ha adquirido este libro sin cubierta, debe saber que se trata de propiedad robada. Fue reportado como "no vendido" o "destruido" a la editorial, y ni el autor ni la editorial han recibido pago alguno por este "libro despojado".

Tenga en cuenta que gran parte de esta publicación se basa en experiencias personales y pruebas anecdóticas. Aunque el autor y el editor han hecho todos los intentos razonables para lograr una precisión completa del contenido de esta guía, no asumen ninguna responsabilidad por errores u omisiones. Además, debes utilizar esta información como mejor te parezca y por tu cuenta y riesgo. Es posible que tu situación particular no se ajuste exactamente a los ejemplos aquí ilustrados, por lo que deberás adaptar el uso que hagas de la información y las recomendaciones en consecuencia. El objetivo de este libro es informar y entretener al lector, pero nada de lo contenido en él sustituye al sentido común ni al asesoramiento legal, médico o profesional.

Se supone que todas las marcas comerciales, marcas de servicio, nombres de productos y características del nombre de los RPP pertenecen a sus respectivos propietarios y se utilizan únicamente como referencia. El uso de estos elementos no implica aprobación alguna.

Para obtener información sobre descuentos exclusivos por compras al por mayor, póngase en contacto con Keith Publishing en business@keithherman.com.

Editado por Jessie Raymond

Diseño de portada: Rob Williams

Texto y maquetación: eacodes

Traducción al español por: Juliana Benavides

Impreso en los Estados Unidos de América

10 9 8 7 6 5 4 3 2 1

¡¿CONSIDERASESTO!?

Guía del Empresario para Alcanzar el Éxito

Inspirar - infundir en alguien el deseo o la capacidad de hacer o sentir algo, especialmente algo creativo.

Empoderar - hacer que (alguien) sea más fuerte y tenga más confianza en sí mismo, especialmente para controlar su vida y reclamar sus derechos.

Este libro es para los que quieren tener **poder.**

¿Ese eres tú?

¡Que lo disfrutes!

Agradecimientos

¡Escribir un libro es un don! Un don que la mayoría de la gente nunca acepta. Es una oportunidad para reflexionar, compartir con los demás y cambiar las cosas.

También es una oportunidad para reconocer a aquellos que contribuyeron a las ricas y significativas experiencias compartidas.

Los beneficios de publicar un libro son intangibles y no tienen precio.

Gracias a las siguientes personas que amablemente compartieron su tiempo, experiencias y sabiduría: Jeff Abrams, Eden Alpert, Muhammad Alí, Jarvis Astaire, Sheila Baer, Adriana Balaban, Alain Bezamat, James Beriker, Stanley Black, James Branciforte, Eli Broad, Ryan Chandler Brown, Won-G Bruny, Marcia Caden, Rev. Thomas Clark, Neal Cohen, Rev. Thomas Clark. Thomas Clark, Neal Cohen, Warren Cohen, Ian Copeland, Anna Chuprina, Roy Cohn, Jason Derulo, Joe DiMaggio, Elliot Disner, Greg Ekizian, Leonard Frankel, Sheldon Fleigelman, Eric Fleishman, Alice Fleming, Robert Freidman, David Foster, Nicholas Frankl, Maurice Goldberg, Jennifer Goodenough, Sheldon Gordon, Mark Goulston, Steven Griffith, Rosalyn

Gruen, Jack Guy, Richard Hartog, Mohamed Hadid, David Hawkins, Ben & Mollie Heller, Arnold Herman, Magic Johnson, Mel Katten, David Christopher Lee, Lawrence Levine, Jon Lovitz, Henrik Lundqvist, Spider Lockhart, Timothy J. Mara, Ann Manners, Bill Mark, Billie Martin, Stephen Meade, Roberto Medrano, Paula Kent Meehan, Kimberly Moore, David Moss, Joe Namath, Fabiano do Nascimento, Meghan Noone, Steve Owens, Arnold Palmer, Sanford Paul, Penney Peirce, Rocco Pirrotta, Alan Ben Porat, Chere Rachelle, Dean Radin, Robert Rautbord, Faithe Robbins, Olga Cristina

Rodríguez, Mickey Rourke, Mary Carol Rudin, Jeffrey Rueben, Chirag Sagar, Mike Schenker, Rudolf Schenker, Jeffrey Schick, Robert Shmelzer Jr. , Adam Shaffer, Russell Simmons, Paul Stanley, Phu Styles, Miguel Suárez, Jack Tapp, Brad & Mandi Tinsley, Sheldon Toll, Adam Torres, Alex & Jean Trebek, Chakrapani Ullal, Stevie Ray Vaughn, Brandi Veil, Jon Voight, Mark Wahlberg, Neal Walsh, Occo Weber, Izzy Weisberg, Ronald Wesley, Dee Winston, Steve Wood, Ronnie Wood, Cheryl Woodcock, Christopher Kai Wong, Austin Yavorsky, Yoshisada Yonezuka, la mujer anónima del café de Magazine Street en Nueva Orleans, y muchos otros.

Recuerda:

"Cuando *el alumno esté preparado, aparecerá el maestro*".

—BUDDHA

Dedicatoria

Para mis lectores, estudiantes de la vida e intrépidos aventureros que buscan una vida divertida, emocionante, gratificante, feliz y exitosa vida.

¡Este libro es para ustedes!

Contenido

Agradecimientos ix

Dedicatoria xi

Prólogo 1

Introducción 3

CAPÍTULO 1 | Al menos la mitad de lo que la gente aprende al crecer es falso. 7

CAPÍTULO 2 | En este momento, careces de los conocimientos o la experiencia necesarios para alcanzar tu objetivo ahora 29

CAPÍTULO 3 | Tú no creas nada 35

CAPÍTULO 4 | Si solo retenemos el 20%, o menos, de lo que lo que aprendemos, ¿por qué dedicar tiempo a leer y memorizar datos y cifras? 43

CAPÍTULO 5 | Pasas una cantidad desproporcionada de tiempo pensando cómo resolver problemas que resolviendo problemas. 57

CAPÍTULO 6 | No sigas la corriente 69

CAPÍTULO 7 | Todo el mundo tiene el mismo gran reto. 81

CAPÍTULO 8 | Tienes acceso a más conocimientos de los que necesitas. 101

CAPÍTULO 9 | Las habilidades son como las herramientas. Funcionan mejor cuando se afilan. 113

CAPÍTULO 10 | La vida es más agradable teniendo experiencias positivas. 123

CAPÍTULO 11 | El principal beneficio de trabajar con otros no es alcanzar un objetivo común. 143

CAPÍTULO 12 | Un instante de cambio puede transformar una vida para siempre. 155

CAPÍTULO 13 | ¿Por qué siempre hay que cortar leña y acarrear agua? 173

CAPÍTULO 14 | ¿Cómo romper barreras?..181

CAPÍTULO 15 | ¿Qué significa todo esto?...191

CAPÍTULO 16 | ¿Por dónde empezar?...203

CAPÍTULO 17 | Cómo llegar a la meta..211

TU GUÍA | Cómo Convertirse en un Empresario de Éxito...................................225

Reflexión Final...231

Glosario..233

Anotaciones..241

Prólogo

Un pensador adelantado, un pionero y un empresario revolucionario. Keith Herman es todo eso y mucho más. Cuando leas este libro, aprenderás a ser lo mismo para ti.

Sus secretos empresariales y estrategias para el éxito, que está a punto de compartir contigo en este libro, en resumen, es hiperenfocarse en su mentalidad de crecimiento. En palabras del famoso autor Willie Jolley, **"un revés es una preparación para un regreso"**.

Él cree que tus fracasos no te definen. Puedes prosperar ante los retos y no deberías ver el fracaso como una forma de describirte a ti mismo, sino que puedes aprender a utilizar tus fracasos como trampolín para tu crecimiento personal y profesional. También leerás sobre fascinantes teorías científicas que él descubrió para desglosar cómo puedes pensar de forma más decisiva con confianza y claridad.

Keith te ayudará a descubrir tus joyas ocultas, el verdadero poder de tu mente, la esencia del liderazgo y la innegable recompensa que obtendrás cuando trabajes duro aplicando sus principios de éxito.

Su riqueza de información proviene de sus décadas de experiencia empresarial, en las que ha creado, construido y ampliado más de 50 empresas. También ha ayudado a sus clientes a recaudar 500 millones de dólares y, como empresario inmobiliario, ha participado en transacciones por valor de 2.000 millones de dólares.

Sus ideas le servirán de base sólida para su viaje como aspirante a empresario o empresario experimentado de organizaciones pequeñas o grandes. Comprobarás por ti mismo que nunca estás solo en tu lucha y que cuando aprendes de este sabio de los negocios, siempre recibes apoyo en espíritu.

Keith te dejará asombrado de todo el potencial ilimitado que posees. Cuando leas este libro, comprenderás los pasos exactos que puedes seguir para cambiar tu perspectiva de la vida a mejor.

Tu viaje hacia la grandeza comienza ahora.

Christopher Kai
Fortune 100 Global Speaker
Autor número 1 en ventas de
"Wizard of Words: The 7 Magical Words for Your Success"
(El Mago de las Palabras: Las 7 palabras mágicas para tu éxito)

Introducción

Con absoluta certeza, él sabía que ganaría. ¿Cuántas veces se está seguro al 100% de estar en lo cierto? Estaba seguro, pero no demasiado. Había mucho en juego, 27.000.000 de dólares para ser exactos, y sin embargo ni siquiera sudó. ¿Tú lo harías?

¿Jugarías a la lotería con la condición de ganar? No estoy sugiriendo que sería tan sencillo como rellenar cinco o seis números en un formulario y pagar el boleto.

¿Estarías dispuesto a ser paciente y diligente mientras buscas un premio absoluto? ¿Buscarías la tienda más cercana para comprar los boletos, conducirías hasta allí, los rellenarías y entregarías el dinero? Puede tardar días, semanas o incluso meses. Puede que tengas que comprar boletos en varios lugares y por cantidades importantes de dinero. ¿Lo harías si supiera que seguramente ganarías?

Por supuesto que sí. Porque eres un empresario inteligente y motivado. Sabes que nada se consigue sin trabajo, y no hay mejores probabilidades que una certeza del 100%. Así que, si vale la pena exprimir el jugo, sin duda lo harías.

Eso es lo que hizo Stefan Mandel en 1992. Stefan nació en Rumanía y se formó como economista rumano-australiano. Puso su educación a trabajar y compró todas las combinaciones de boletos del bote de 27 millones de dólares de Virginia.

Sabía que ganaría no solo un primer premio, sino asombrosamente también seis segundos premios, 132 terceros premios y miles de premios menores. Ridículo, ¿verdad? Pero cierto.

Stefan tenía mucha experiencia jugando a loterías desde los años cincuenta. Antes de la lotería de Virginia, había ganado trece loterías anteriores, desde Rumanía hasta Australia. En una entrevista posterior a su victoria, dijo que el día de la lotería no sintió ni un ápice de preocupación porque era un ganador seguro.

Como en cualquier negocio de éxito, Stefan utilizó un plan que priorizaba el conocimiento y la experiencia. Requirió mucha investigación, disciplina y paciencia. Como resultado, experimentó calma, certeza y una gran recompensa.

Curiosamente, ¡todo estaba ya allí para él! Sí, todo, ¡y no lo olviden! Porque hablaremos de ello con más detalle en los capítulos siguientes.

¿Y si fuera así de sencillo? ¿Le dedicarías horas, investigaría, seguirías el plan y tendrías paciencia? Sabiendo que tendrás éxito, ¿tu mentalidad te mantendría tan fresco como un pepino como Stefan?

Por extraño que parezca, conozco a muchas personas que rechazarían la oportunidad. La mayoría de la gente que conozco pasaría. Me los imagino diciendo que debe haber un truco, y ellos no están dispuestos a correr el riesgo, o que solo ganan los afortunados, o que el dinero no les motiva.

Incluso con la prueba en la cara de que es 100% seguro que no van a soltar ni un dólar para ganar 1.000.000.000 de dólares. Así es la naturaleza humana y está bien. No todo el mundo tiene la misma motivación o mentalidad.

Sin embargo, no eres como ellos. Eres una persona motivada, emprendedora y con objetivos que conllevan riesgos poco aceptables para la mayoría de la gente. Como emprendedor, también tienes una mente abierta y la voluntad de cambiar, actuar y transformarte para obtener recompensas. Y, sinceramente, ¡estás aquí para ganar!

Mi objetivo con este libro es compartir información que pueda cambiar tus pensamientos sobre cómo actuar, transformar tu vida y ayudarte a ganar el éxito que deseas. No estoy hablando de jugar a la lotería como hizo Stefan. Estoy hablando de alcanzar tu objetivo empresarial específico, sea cual sea.

Imagíname como tu entrenador preparándote para una carrera. Estoy aquí para compartir conocimientos e infundirte confianza antes de que empieces la carrera. Quiero que superes los obstáculos y verte cruzar victorioso la línea de meta.

Nadie dice que vaya a ser rápido, fácil o sin incidentes. Sin embargo, como Stefan sabe, la mejor información lo hará más fácil y factible. Juntos, podemos conseguir que cruces la línea de meta. Y recuerda, tu éxito es también mi éxito.

A medida que avancemos, oirás hablar de nuevas metodologías, temas controvertidos y procesos diferentes. No hay razón para juzgar nada de ello. Te sugiero que lo tengas en cuenta mientras lees el libro.

Utilizo ejemplos de la vida real para ilustrar los puntos y mantener el interés. Incluso hago de abogado del diablo por el camino, porque hasta yo me cuestiono lo que leo. Si todo va bien, tendrás en cuenta otras perspectivas y tu forma de pensar sobre los asuntos y, con suerte, te acercarás a tus objetivos. Te pido que mantengas la mente abierta y consideres lo siguiente.

CAPÍTULO 1

Al menos la mitad de lo que la gente aprende al crecer es falso.

"Cuidado con el falso conocimiento, es más peligroso que la ignorancia".

—GEORGE BERNARD SHAW

Las lágrimas rodaron por mis mejillas pecosas mientras mi cuerpo se retorcía incontrolablemente ante la miserable idea de consumir lo que tenía ante mí. "No hay manera de que me lo beba; es asqueroso", declaré. Antes de que me diera cuenta, salí volando por los aires y caí al suelo desde el lado izquierdo de la silla. Esa era la forma que tenía mi padre de llamar mi atención. Y, desde luego, esa estrategia le funcionaba siempre.

"Te lo vas a beber porque es bueno para ti. Así que levántate del maldito suelo y acaba de una vez antes de que las cosas empeoren". "Pero me duele mucho el estómago y no puedo", le contesté. "Vas a sentir un dolor mucho peor si no lo haces", contraatacó. Y así lo hice.

Al cabo de treinta minutos, los calambres se apoderaron de mí, y yo me debatía con rabia sobre cómo gestionar el encuentro con este despreciable líquido mientras me encogía de dolor. El tormento se prolongó durante años, hasta que un día mi madre tuvo la brillante idea de llevarme al médico. Mi padre comentó: "Más vale que te pase algo, o habrá que pagar un infierno".

Mi padre siempre tenía razón, pero yo creía que en aquel caso no era así. "¿Cómo puede ser bueno para mí algo que me da dolor de estómago?". pensé. Sencillamente, no tenía sentido. Sin embargo, mi padre pensaba que era mera coincidencia. Eran los años 70, y la medicina era mucho menos ciencia y los conocimientos no eran tan fácilmente accesibles.

El médico me recibió en la sala de pacientes y rápidamente me tumbó en la camilla para examinarme. Empezó a palparme el estómago y la parte inferior del intestino con compresiones taquigráficas, pidiéndome que le describiera el problema.

Avanzaba profesionalmente con el estetoscopio colgado del bolsillo. Miró en distintas direcciones, contorsionando el rostro como si estuviera a punto de hacer un gran descubrimiento. Al cabo de un minuto, miró a mi madre y le dijo con seguridad: "Debe de tener sensibilidad a la leche. Le recomiendo que deje la leche durante un tiempo y que hagamos un seguimiento dentro de dos meses".

¡*Ya está!* pensé mientras se me aceleraba el corazón. Estoy en un gran problema. Mi padre nunca se tragará una explicación tan insignificante. Estaba lejos de ser un diagnóstico elocuente. Sin embargo, al menos era algo.

Mi madre percibió mi ansiedad por volver a casa sin el tocino. Así que, como hacen las madres, me aseguró que lo disfrazaría con sus propias palabras para hacerlo incomprensible a mi padre y venderlo basándose en su ignorancia. Francamente, lo que más le preocupaba era que no hubiera más violencia, así que hizo lo que pudo para mantener la paz dentro de la casa.

Pasarían treinta años hasta que visité a un médico que decidió que había que hacer una prueba de lactosa. ¡Voilà! "Es usted intolerante a la lactosa", exclamó el médico. "Perdone, ¿de qué me está hablando?". El médico continuó explicando con más detalle.

Finalmente me reivindicó como a un preso condenado a muerte exculpado por las pruebas de ADN recién descubiertas. Por desgracia, mi padre hacía tiempo que había fallecido, así que el momento fue agridulce. No tuve el momento de "te lo dije", pero al menos pude borrar una incertidumbre más de mi mente.

¿Te sientes identificado con mi experiencia? Has descubierto que algo que te dijeron tus padres o un ser querido no era cierto. Confiabas en ellos. No tenían malas intenciones. La información que recibieron les fue transmitida de la misma manera. Tardaste años en descubrir la verdad y luego, al conocerla, experimentaste decepción o un suspiro de alivio.

La leche es buena para la salud es un ejemplo sencillo de algo que nos han hecho creer que es bueno para la salud, pero que a veces resulta ser falso. De hecho, según el Instituto Nacional de la Salud, alrededor del 65% de la población humana adulta padece algún tipo de intolerancia a la lactosa, que provoca dolor abdominal y otras consecuencias gastrointestinales tras la ingesta de productos lácteos. Una cifra tan asombrosa es difícil de negar. Lo más probable es que si tus padres te dijeron lo mismo, también estuvieran equivocados.

Pero, ¿podría ser cierto que hasta la mitad de lo que aprendemos al crecer es inexacto? ¿Cómo es posible que tanta información que recibimos sea falsa? ¿Te lo has planteado alguna vez? ¿Y es cierto para todas las generaciones? Profundicemos en esta afirmación.

Piensa en tus primeros años. Piensa en todas las cosas que recuerdas haber aprendido de tus padres, hermanos, abuelos, amigos e incluso profesores que han resultado ser falsas. Cosas que pueden haber sido importantes o que parecían esotéricas.

¿Te dijo tu profesor de ciencias que hay nueve planetas? ¿Mercurio, Venus, Tierra, Marte, Júpiter, Saturno, Urano, Neptuno y Plutón? Desde entonces, hemos aprendido que Plutón no es como los otros ocho planetas. De hecho, durante algún tiempo, llegó a ser desclasificado como planeta del todo. Y después de todo el revuelo, ahora es un planeta enano, y aún debatimos incluso eso.

¿Te enseñaron que la partícula más pequeña es un átomo? Todos los sólidos, gases y líquidos están compuestos por átomos neutros o cargados. Son extremadamente pequeños y suelen tener un diámetro aproximado de 100 picómetros. ¿Sabías que pasaron casi dos milenios hasta que reconocimos el átomo como objeto físico? Sorprendente.

Ahora, en menos del 10% de ese tiempo, hemos descubierto algo más pequeño llamado quarks. Un quark es unas 60.000 veces más pequeño que el radio de un átomo de hidrógeno. Un quark es un tipo de partícula elemental y un constituyente fundamental de la materia. Los quarks se combinan para formar partículas compuestas llamadas hadrones, los más estables de los cuales son protones y neutrones, los componentes de los núcleos atómicos. Componen toda la materia observable en forma de quarks up, quarks down y electrones.[1]

Por si fuera poco, existe algo inimaginablemente más pequeño llamado gluón. Un gluón es una *partícula elemental* que actúa como partícula de intercambio *(o bosón gauge)* la fuerza fuerte entre de *quarks*. Es análogo al intercambio de *fotones* en la *fuerza electromagnética* entre dos partículas cargadas. Los gluones unen a los quarks, formando *hadrones* como protones y neutrones.[2]

Estos hechos científicos pueden parecerte esotéricos. En otras palabras, no te afectan en absoluto. Sin embargo, para la gente de la comunidad científica, estos hechos sí importan. Porque están trabajando en proyectos que pueden cambiar el mundo e incluso la existencia humana. Es análogo a llegar a un callejón sin salida o a una bifurcación en el camino. Te das cuenta de que has perdido el tiempo o de que necesitas replantearte las cosas o cambiar de dirección.

¿Te dijeron tus familiares o amigos que conseguir dinero y posesiones te daría la felicidad? ¿Te describieron la emoción o el subidón que experimentan cuando obtienen dinero o algo nuevo? ¿Te animaron y alentaron para que te centraras en ello?

Hay muchos ejemplos a nuestro alrededor, y deberíamos saber que es mejor no pensar en ello. Sin embargo, mucha gente sigue perpetuando esta falsedad. Piénsalo. Un hombre con 100.000.000 de dólares no es más feliz que un hombre con 90.000.000 de dólares. Ok, tal vez estoy siendo tonto, pero hay pruebas en todas partes. Por ejemplo:

James Altucher fundó una empresa de diseño web llamada Reset Inc. en 1996 y la vendió dos años después por 10 millones de dólares. Después, lo perdió todo en una serie de malas inversiones agravadas por la primera burbuja tecnológica del año 2000. Tras estar a punto de suicidarse, Altucher dijo en una entrevista con Glenn Beck que acabó dándose cuenta de que no podía juzgar su "autoestima por su valor neto". Le dio la vuelta a todo y lo recuperó todo siendo gestor de fondos de cobertura, y hoy es un bloguero de éxito y presentador de podcasts.

¿Recuerdan a un tipo llamado MC Hammer? Sí, me refiero a Stanley Kirk Burrell. Fue una mega superestrella a principios de los 90 con sus éxitos "U Can't Touch This" y "Too Legit to Quit". Vendió más de 50 millones de discos. A pesar de su éxito, se endeudó y en 1996 se declaró en quiebra, debiendo más de 13 millones de dólares. Sin embargo, él también encontró la felicidad como predicador cristiano y al servicio de los demás. Burrell se convirtió en empresario lanzando sellos discográficos, invirtiendo en empresas tecnológicas y siendo una figura pública una vez pública. Burrell sigue compartiendo su historia para animar a otros a alcanzar sus sueños y la verdadera felicidad.

ChangPeng Zhao, Consejero Delegado de Binance, tiene una fortuna de 18.500 millones de dólares y ha declarado que no le importa mucho el dinero. Es una de las figuras más ricas del mundo de las divisas digitales y fuera de él. No le preocupan los números, y se nota en sus acciones y en su estilo de vida.

Zhao intentó domiciliar su empresa en China, pero tuvo que huir rápidamente del país después de que el gobierno promulgara estrictas leyes contra las criptomonedas. Tras mudarse, se instaló recientemente en Dubai y optó por vivir en un modesto apartamento y conducir un monovolumen Toyota. También se le suele ver con atuendos sencillos, con camisas negras de la marca Binance.

Amy Winehouse tuvo una lucrativa carrera como artista. Tenía mucho talento y merecía la fama. Por desgracia, los problemas y los demonios la acosaron. Durante su breve carrera, ganó millones de dólares y fundó su propio sello discográfico. A pesar de ello, seguía sintiéndose desgraciada y su adicción a las drogas iba en aumento. Todo lo que quería era una vida sencilla como cantante. El dinero no significaba nada para ella, como demuestra su modesto estilo de vida.

Otro ejemplo es la cantante Natalie Imbruglia, conocida por su éxito, su riqueza y su infelicidad. Natalie saltó a la fama en 1997 con el éxito "Torn". Scott Cutler y Anne Preven escribieron "Torn" en 1993 con el productor *Phil Thornalley* como canción en solitario para Preven. El grupo de Cutler y Preven, Ednaswap, la interpretó en directo, pero inicialmente no publicó una grabación. Ednaswap publicó una versión grabada en 1995.

Sin embargo, Imbruglia dio en el clavo con su grabación, se hizo famosa y ganó dinero, y desapareció durante un tiempo. Declara que se recluyó después de su éxito porque el dinero y la fama también le trajeron gente indeseable. Hoy vive una vida menos pública como músico sabiendo que el dinero no es lo que necesita.

Keanu Reeves ha participado en innumerables películas de éxito como Relaciones peligrosas, Las excelentes aventuras de Bill y Ted, Speed, El Abogado Del Diablo, Matrix, John Wick y una de mis favoritas, Alguien Tiene que Ceder. Cuando llegó a Hollywood, se dio cuenta de que la fiesta, la fama y la fortuna no eran nada en el panorama general de la vida. Vivió momentos muy aleccionadores con la pérdida de su mejor amigo, River Phoenix, que sufrió la famosa sobredosis en la sala Viper. También perdió a su prometida embarazada en un accidente de coche a principios de los noventa.

Keanu conoce los sinsabores de la vida y sigue hablando de vivirla. Habla de no necesitar el dinero porque en realidad no dicta la verdadera felicidad de uno. Esa mentalidad le permite hacer gestos desinteresados notables, como regalar todo su sueldo de Matrix porque no tiene ningún apego emocional al dinero. ¿Le has visto en YouTube regalando su asiento a una mujer en el metro de Nueva York? Los actos de bondad son los que dan la felicidad, no el dinero.

Multimillonarios como Warren Buffett lo saben mejor por su luchas el valor del dinero y de la vida. Es Presidente y Consejero Delegado de Berkshire Hathaway y el tercer hombre más rico del planeta. Cree en la vida sencilla y el pensamiento elevado.

Los hechos sobre Warren confirman sus creencias sobre el dinero. Lleva viviendo en la misma casa desde 1958, que compró por 31.500 dólares, invierte en coches usados en lugar de vehículos nuevos y prefiere un desayuno económico como el de McDonald's de camino al trabajo. Y, cuando viaja, lleva galletas Oreo.

Warren no cree en los teléfonos móviles caros. Su consejo: considera tus necesidades y luego compra un teléfono según tu viabilidad. Además, puedes ahorrar eligiendo planes económicos de llamadas y datos.

También es inteligente dedicarse a aficiones menos caras y reducir al mínimo la compra de artículos de diseño. Juega al bridge unas 12 horas a la semana, y en sus ratos libres le encanta tocar el ukelele y cantar. También lleva la misma cartera desde hace veinte años.

Buffett cree que la amistad es un tesoro, y su amigo multimillonario Bill Gates dice que su amistad sigue siendo fuerte porque Warren hace todo lo posible para que la gente se sienta bien consigo misma. Es su actitud viva y alegre lo que le convierte en un amigo atento y amable.

Buffett cree en tocar la vida de las personas y conectar emocionalmente con ellas, lo que no tiene por qué ser caro. Por ejemplo, siempre que Gates está en la ciudad, Buffett le recoge personalmente en el aeropuerto y a menudo envía correos electrónicos que cree que a la familia Gates le encantarían. Estos detalles especiales le han ayudado a ganarse amigos devotos en la vida, y las personas que aspiran a vivir el estilo de vida de Warren Buffett sin duda deben tomar nota de ello.

Warren da prioridad a las relaciones sobre las cosas materiales y ha dicho que nadie puede comprar ni la salud ni el amor. Por eso, en lugar de jugar al golf en el campo más lujoso del mundo, le encanta jugar al golf en su ciudad con la gente que le importa. Hacer que la gente envidie sus pertenencias no es su objetivo.

Lo siguiente en la lista es la suerte. ¿La tienes? ¿Alguna vez has oído o leído algo en lo que se hable de que la suerte es más importante que la inteligencia? Prefiero tener suerte a ser inteligente. ¿Conoces el siguiente proverbio?

"No necesitas inteligencia para tener suerte, pero sí suerte para tener inteligencia"

¿Es cierto? En primer lugar, tienes que creer en la suerte. Según el diccionario Webster, la suerte es una fuerza que trae buena fortuna o adversidad. ¿Una fuerza? ¿Están hablando de física? ¿Es una fuerza eléctrica, magnética o cuántica lo que estamos imaginando? ¿Es algo que mantiene unidos a los quarks como los gluones, nuestros cuerpos o los planetas?

Pues bien, según los físicos, no existe fuerza definible alguna asociada a la suerte. Según ellos, la idea es francamente absurda. Incluso Webster define una fuerza como una fuerza o energía ejercida o llevada a cabo: causa de movimiento o cambio: poder activo. En realidad, la suerte no existe. No es más que una construcción humana.

He aquí un ejemplo sucinto de lectura sobre algo como la suerte que es falso. Y es un lugar común, pero se sigue transmitiendo. Sigues leyendo sobre la suerte con frecuencia y utilizas la palabra más a menudo de lo que crees. ¿Cómo afectan este tipo de falsedades a tus pensamientos, acciones e incluso al resultado de tu vida?

Obtener una educación te preparará para el éxito. Esta vez me voy a llevar la peor parte. A los educadores no les va a gustar ver lo siguiente impreso, pero deberías considerar seriamente la veracidad de la afirmación.

Con demasiada frecuencia, las personas con un alto nivel educativo no alcanzan su potencial o su éxito. No hay pruebas que sugieran siquiera que las personas con estudios superiores tengan más éxito.

Está demostrado que tener un título universitario tiene sus ventajas. Según datos de la *Oficina de Estadísticas Laborales* (BLS), los siguientes son los beneficios de obtener un título:

(1) Las personas de al menos 25 años en 2021 con una licenciatura tenían una tasa de desempleo total del 5,5%, y los que solo tenían un diploma de escuela secundaria tenían una tasa del 9,0%.

(2) La mediana de ingresos semanales para aquellos con un título de licenciatura fue de $ 1,305, frente a $ 781 para aquellos con diplomas de escuela secundaria.

(3) No hay garantía de que un título aumente tus ingresos, pero es discutible que el título pueda impulsar tu carrera y acelerar el ascenso profesional.

(4) También es probable que se te considere más preparado que las personas que no tienen una formación académica en ese campo si se incorpora a un sector en el que ha estado

trabajando para obtener una credencial que tiene un alto valor percibido para los empleadores.

Sí, tener un título tiene sus ventajas, pero no garantiza el éxito al competir con otros que tienen más experiencia. Los estudios demuestran que, a la hora de evaluar a los empleados, los empresarios prefieren elegir al candidato con la experiencia necesaria para realizar el trabajo. El 91% de los empleadores que respondieron a la encuesta *Perspectivas laborales 2017* de NACE prefieren que sus candidatos tengan experiencia laboral, y el 65% del grupo total afirma que prefiere que sus candidatos tengan experiencia laboral relevante. De hecho, tan reciente como 2022, las encuestas mundiales muestran que el 90% de los empleadores prefieren contratar a graduados en función de su experiencia laboral real en lugar de su formación académica.

Entre las razones que se mencionan con frecuencia por las que las personas con estudios superiores no tienen más éxito figuran no asumir riesgos, trabajar en empleos que no les gustan, tener baja autoestima y no perseguir lo que les entusiasma.

Muchas personas tienen miedo a fracasar porque, desde una edad temprana, se les condiciona a creer que el fracaso es algo terrible. Tienen un problema de autoestima por no tener éxito. "Juega sobre seguro y seguro que triunfarás". Se reitera hasta la saciedad y no ofrece ninguna garantía de éxito. Tengo noticias para ti, incluso las personas prudentes fracasan o nunca realizan sus sueños por ir a lo seguro, sin embargo, la gente sigue este consejo.

¿No es triste?

¿Y si en lugar de oír que fracasar es algo terrible, oyéramos que fracasar es una oportunidad maravillosa? Porque aprendemos más de nuestros fracasos que de nuestros éxitos. ¿Quién quiere repetir sus fracasos? Nadie. Así que, ¿por qué no empezar por asumir riesgos y aprender rápidamente de los fracasos para evitarlos en el futuro y alcanzar el éxito más rápidamente?

¿Qué esperas conseguir aceptando un trabajo que no deseas? Para ser justos, puede que te sirva para asegurarte el pago de las facturas, o que sea un trampolín hacia el trabajo que sí quieres. No hay nada malo en pagar tus deudas o ser responsable y mantener un techo sobre tu cabeza y comida en tu boca. Sin embargo, si no es un trampolín, ¿te interesa permanecer en esa situación a largo plazo? ¿Qué esperas conseguir?

Viviendo en Los Ángeles, todo el mundo ha oído decir que para empezar como agente hay que empezar en la sala de correos. Todos hemos oído la historia del agente de talentos superpoderoso que tiene a los mayores famosos y que empezó repartiendo el correo a todos los de la agencia.

Sí, es cierto. Yo mismo conozco a alguien que empezó repartiendo el correo para pagar sus cuotas y convertirse en agente. Llegó a la cima y representa con éxito a docenas de celebridades de la lista A de Uber. También puedo decirte que por cada uno de ellos hay cientos de personas que no pasaron de la sala de correo. Sin embargo, hay otros que han llegado a ser agentes directamente desde la facultad de Derecho o la de Empresariales. ¿Qué te dice la proporción de cientos de fracasos por un éxito de la sala de correo en comparación con los que tienen una educación superior? No, empezar en la sala de correo no es el único camino para convertirse en un agente de éxito en Hollywood.

Si no te sientes identificado con la historia, te recomiendo que veas la película "Nadando entre tiburones". Es una película fantástica estrenada en 1994 con Kevin Spacey, John Whaley y Michelle Forbes. Es una comedia entretenida sobre alguien que persigue su sueño, que pone a prueba su carácter y sus límites, y lo que ocurre por el camino. Ten en cuenta tu nivel de tolerancia en la búsqueda de la felicidad a la hora de alcanzar tus sueños.

La baja autoestima puede ser problemática a la hora de alcanzar la felicidad y el éxito en tu vida. Y esto es cierto independientemente de tu nivel de educación. Por ejemplo, yo estudié Derecho en Los Ángeles. Durante mi época en la escuela, tuve el privilegio de conocer al profesor más inteligente de todos mis años de escuela. Estudió en la Ivy League y en la Facultad de Derecho.

Digo esto porque aunque enseñaba un curso de derecho, lo más importante que enseñaba era el proceso de cómo aprender. No estoy hablando de pedirte que leas y te retractes de lo que lees o de cómo investigar. Hablo del proceso de comprender la información, responder tú mismo a las preguntas que puedas tener y quedarte con los resultados. Es un hombre brillante y un artista por derecho propio.

Sin embargo, hasta el día de hoy, sufre de una baja autoestima que ha limitado su carrera, su capacidad de crecimiento personal y su nivel de éxito. A pesar de su brillantez, es socialmente inepto. Detrás del podio en el aula, es un maestro. Pero en el momento en que alguien se le acerca después de clase o en un pasillo, se siente incómodo, se acobarda nervioso y habla con dificultad. De hecho, ni siquiera puede establecer contacto visual, lo que imposibilita cualquier intento de establecer una conexión y limita su capacidad para tener éxito. Apostaría a que conoces a alguien parecido al profesor.

¿Cuántas personas conoces que hayan alcanzado el éxito financiero dedicándose a algo que no les apasionaba o al menos no disfrutaban? Son profesionales que siguieron una carrera sin pasión. Sin embargo, a nivel personal, sacrificaron oportunidades por otras experiencias, perdiéndose los mejores momentos de la vida.

Las razones por las que a veces los profesionales no alcanzan sus sueños son las siguientes:

1. Miedo al fracaso.

Asumir riesgos se considera algo negativo. A nuestra sociedad no le gusta el riesgo y a menudo equiparamos el fracaso con la debilidad. Pero el riesgo es simplemente arriesgarse. No significa que seas una mala persona. No significa que seas estúpido. No significa que seas un fraude. No significa que vayas a fracasar.

Una importante herramienta psicológica para superar el miedo es la aceptación. Si aceptas la posibilidad de fracasar, tendrás más valor para intentar algo nuevo. Este tipo de positivismo y pensamiento crítico no es habitual en nuestra sociedad. En su lugar, tendemos a centrarnos en el peor de los escenarios: la idea de que el fracaso es nuestra única posibilidad.

2. La presión de la perfección.

Una de las principales razones por las que las personas con un alto nivel educativo no alcanzan su verdadero potencial es porque se han fijado un objetivo y lo persiguen sin descanso.

En lugar de arriesgarse y probar cosas nuevas, se empeñan en alcanzar sus objetivos, incluso cuando no los consiguen.

En lugar de fijar objetivos individualizados, estas personas los fijan para los demás. Deciden sus valores y objetivos, pero esperan que los demás también los alcancen. Es más fácil creer que un individuo puede alcanzar sus metas que decir: "No".

3. Miedo a lo desconocido.

Es un reto salir de nuestra zona de confort cuando pasamos tanto tiempo haciendo lo que sabemos que sabemos hacer. Nuestros modelos mentales son nuestras mayores barreras para alcanzar nuestro potencial. Piensa en la última vez que te enfrentaste a un reto desconocido.

¿Alguna vez has emprendido un nuevo negocio, has abordado una nueva área de estudio o has intentado algo totalmente nuevo? Si la respuesta es afirmativa, ¡enhorabuena! Ya has avanzado mucho hacia tu objetivo.

No puedo evitar preguntarte: ¿estabas dispuesto a fracasar? Las investigaciones demuestran que las personas suelen evitar las decisiones que podrían fracasar. Suelen tomar más decisiones para evitar el fracaso que para hacer lo que quieren. Esto no solo ocurre con las decisiones arriesgadas.

4. El sentimiento de pertenencia.

Las personas con un alto nivel educativo suelen estar tan ocupadas centrándose en lo que no quieren que se olvidan de lo que sí quieren. Esta falta de concentración puede crear una desconexión entre sus mentes y sus corazones. Y esto puede conducir a hábitos contraproducentes.

Las personas de alto rendimiento y con un alto nivel educativo a menudo no alcanzan sus objetivos. A menudo les cuesta dejar atrás el pasado. Es difícil apreciar sus bendiciones cuando están tan preocupados por lo que les falta.

Tener una pareja crea estabilidad en la vida. Si esto es cierto, ¿cómo se explica lo siguiente?

Los matrimonios son cada vez menos frecuentes: en la mayoría de los países, el porcentaje de personas que se casan ha disminuido en las últimas décadas.

- En la mayoría de los países, la gente se casa más tarde.
- La cohabitación, es decir, la convivencia de parejas que no están casadas, es cada vez más frecuente.
- La monoparentalidad es común y ha aumentado en las últimas décadas en todo el mundo.
- Desde los años setenta se observa una tendencia general al alza de las tasas de divorcio en todo el mundo.[3]

Según el Centro Nacional de Estadísticas Sanitarias de Estados Unidos, cada año se casan en ese país entre 4 y 5 millones de personas... y casi el 42-53% de esos matrimonios acaban en divorcio.

Además, datos recientes muestran más países con tasas de divorcio significativamente superiores al 50%, como sigue: Bélgica 71%, Portugal 68%, Hungría 67%, República Checa 66%, España 63%, Luxemburgo 60%, Estonia 58%, Cuba 56%, Francia 55% y EE.UU. 53%.

Lo aprendemos todo con los cinco sentidos. ¿Hasta qué punto es esto limitante?

Los órganos del cuerpo producen sentidos humanos llamados "órganos de los sentidos humanos", que reciben estímulos o cambios en la atmósfera interna o externa y los interpretan para crear un patrón nervioso en el sistema nervioso. A partir de ahí, se envía un impulso para que el cuerpo "experimente" o "sienta" el estímulo y responda. El proceso es complejo y profundo, por lo que se clasifica como un sistema del cuerpo humano denominado sistema sensorial.

Aristóteles (384 a.C.-322 a.C.) fue el primero que intentó enumerar los sentidos humanos, y consistía en los cinco sentidos humanos básicos que todos aprendimos. Con el tiempo, se añadieron cuatro sentidos más a su lista. Esos cuatro acabaron diferenciándose hasta un total de 21 o hasta 33, según la opinión de los distintos neurólogos. Los sentidos humanos más aceptados y relacionados con los órganos de los sentidos humanos son los siguientes:

Los sentidos humanos básicos

1. **Oftalmocepción**	(Ojos) **Vista o percepción visual**
2. **Audiocepción.**	(Oídos) Audición o sensaciones auditivas
3. **Gustaocepción.**	(Lengua) Sentido del gusto
4. **Tactocepción**	(Piel)
5. **Olfacocepción**	(Nariz) Sentido del olfato u Olfaccepción

Los cuatro sentidos internos del ser humano

1. Termocepción	(Piel) Falta o aumento de calor (temperatura)
2. Propiocepción.	(Partes del cuerpo) Conciencia de las partes del cuerpo sin información visual.
3. Nocicepción.	(Todo el cuerpo) Sensación de dolor (piel, órganos corporales)
4. Equilibriocepción.	(Todo el cuerpo) Sentido del equilibrio (determinado por el líquido del oído)

Otros sentidos humanos

1. Sentido cinestésico.	(Cuerpo entero) Sentido de la aceleración
2. Tacto.	(Principalmente la piel) Percepción de la presión
3. Recepción cutánea.	(Piel) Sensación de vasodilatación cutánea (como piel enrojecida)
4. Quimiorrecepción	(Sangre y cerebro) Sensación de hambre, sed, vómitos y asfixia
5. Recepción del estiramiento	(Músculos, articulaciones y piel) Sensación del reflejo nauseoso, distensión gaseosa y excreción
6. Sinestesia.	(Partes del cuerpo) Combinación de sentidos (como sonreír ante la voz de alguien).

Percepción extrasensorial*.

1. Sexto sentido.	**(Cerebro pequeño) Sentido de la intuición (presentimiento)**
2. Premonición.	(Paranormal) Sentido subconsciente de acontecimientos futuros (normalmente peligro)
3. Telepatía.	(Paranormal) Percepción auditiva de los pensamientos de una persona (cercana o lejana)
4. Precognición.	(Paranormal) Percepción visual de acontecimientos futuros
5. Clarividencia.	(Paranormal) Percepción visual de objetos o acontecimientos invisibles
6. Clariaudiencia.	(Paranormal) Percepción auditiva de lo invisible

Las percepciones extrasensoriales son sentidos humanos controvertidos y tienen poca o ninguna evidencia científica.

La importancia de los sentidos en la vida humana

Una persona sin "sentido" de sí misma o del mundo sería alguien en la tumba o en coma. En otras palabras, el "sentido" es muy vital para un ser humano, y son los sentidos que tenemos los que diferencian a los vivos de los inconscientes y los muertos. Para que una persona esté viva o incluso exista en estado vegetal, sus mecanorreceptores e interoceptores tendrían funciones. Aparte de la conciencia, la función de los sentidos humanos incluye:

- Movimiento.
- Reacción
- Emoción
- Articulación

- Interpretación
- Comprensión
- Cognición
- Reconocimiento
- Sensación
- Percepción

El estudio de los sentidos y los órganos sensoriales humanos es muy amplio, intrincado e intrigante. Cada órgano del sistema sensorial funciona de forma diferente y utiliza "sensores" únicos. Por eso los hallazgos e informes sobre los sentidos y los órganos de los sentidos humanos son tan variados y discutidos. Cada neurólogo de renombre tiene su propio método para clasificar y nombrar los distintos sentidos del cuerpo humano, lo que dificulta el seguimiento o la mención de todos los sentidos humanos conocidos en el mundo.[4]

¿Qué consecuencias tiene equivocarse en el número de sentidos? Apuesto a que ni tú ni yo hemos perdido el sueño por ello. Sin embargo, ¿es prudente descartarlo? Es posible que la influencia no solo nos haya afectado a nosotros, sino a innumerables personas directa o indirectamente.

Piensa en todas las cosas que evaluamos y producimos basándonos en los cinco sentidos y que repercuten en nuestras vidas. Sin ir más lejos, hay alimentos, bebidas, viviendas, bienes de consumo, fármacos, productos médicos, fuentes de energía e innumerables otras cosas. Sería ingenuo creer que se ha sido inmune a los errores de cálculo basados en los sentidos de alguien. Es innegable que la gente ha abandonado este planeta basándose en esos cálculos... El amianto, el Ford Pinto, Chernóbil, el DES (dietilestilbestrol).

Un ejemplo específico que pasó desapercibido durante décadas son las grasas trans. Comer grasas trans aumenta el nivel de colesterol LDL ("malo") en la sangre. Aproximadamente 540.000 muertes anuales pueden atribuirse a la ingesta de ácidos grasos trans producidos industrialmente. La ingesta elevada de grasas trans aumenta el riesgo de muerte por cualquier causa en un 34%, el de muerte por enfermedad coronaria en un 28% y el de enfermedad coronaria en un 21%. Esto se debe al efecto sobre los niveles de lípidos: las grasas trans aumentan los niveles de colesterol LDL ("malo") y reducen los de colesterol HDL ("bueno"). Las grasas trans no tienen beneficios conocidos para la salud.[5]

Desde un punto de vista médico, los resultados pueden ser aún más devastadores. En 2015, un análisis de la FDA indicó que las pruebas médicas pueden utilizar supuestos defectuosos o entregar resultados inexactos que conducen a diagnósticos incorrectos. Ese mismo año, el Instituto de Medicina publicó un informe que indicaba que aproximadamente una de cada veinte personas que reciben atención ambulatoria recibe un diagnóstico incorrecto.

Es decir, el 5%.

¿Es aceptable que una de cada veinte personas sufra porque otros toman atajos? ¿Cómo te sentirías si fueras esa persona?

Sencillamente, como sociedad, no ponemos suficiente énfasis en hacer las cosas bien. Sin embargo, tienes elección. Puedes investigar las cosas que son críticas para tu futuro trabajo para que no se dé suficiente importancia a la comprobación de los hechos. Tendemos a ser perezosos, lo que no nos beneficia. Depositar tu confianza en los demás es una cosa, pero ¿no te debes a ti mismo obtener la mejor información para tomar las mejores decisiones y obtener el mejor resultado?

Nos debemos a nosotros mismos ser más diligentes con la información. No solo aprendemos a diario de las experiencias de la vida real, sino también de los libros. En el caso de la lectura, es algo maravilloso que hacemos por placer y para adquirir conocimientos.

Sin embargo, no todo lo que leemos es correcto. Y tú lo sabes. Si no me crees, piensa en las veces que has leído que algo era cierto y luego no le has hecho caso y has hecho exactamente lo contrario con un resultado negativo. No te sientas mal porque todos lo hacemos. Está en la naturaleza humana cuestionar y dudar de las cosas.

¿Has encontrado otras cosas incorrectas? ¿Has jugado alguna vez al teléfono? Es un juego que solemos aprender de niños, en el que nos sentamos en círculo y transmitimos un dicho o mensaje susurrándoselo al oído a la persona que tenemos al lado. Cuando la última persona recibe el mensaje, lo dice en voz alta, y rara vez, o nunca, es igual que la comunicación inicial.

La próxima vez que alguien te diga algo que crees que tiene valor, considera su fuente o investiga su validez por tu cuenta. Te prometo que te sorprenderá ver por qué el juego del teléfono no es simplemente un entretenimiento. Tiene un valor incalculable para que aprendamos pronto que hay algo de inmensa importancia.

A medida que la información se transmite, se malinterpreta, se diluye y acaba siendo falsa. Por eso no todo lo que oímos es correcto, y a veces lo que leemos es incorrecto.

SOS no significa "Save our Ship" ni "Shit on a Shingle" según su significado en inglés, y como los marines estadounidenses supuestamente describieron una vez su comida. Solo lo utilizan porque es la forma más fácil de transmitir tres puntos, tres guiones y tres puntos.

Quizás tengas en cuenta lo que aprendí a una edad temprana y yo continúe transmitiéndolo a las personas que me son queridas:

"No creas nada de lo que oigas y solo la mitad de lo que leas"

Como demuestra nuestra experiencia, las personas, incluso con las mejores intenciones, están mal informadas debido a la fuente de la que obtuvieron la información. La información que han aprendido también se ha diluido hasta muy posiblemente carecer de valor, como en el juego del teléfono.

Sin embargo, al leer, alguien se ha arriesgado a publicar la información con su nombre para que otros la vean. Es un riesgo, porque pone en juego su reputación. Además, una vez vista la información, existe la posibilidad de rebatirla o corregirla.

La mayoría de la gente se lo piensa al menos dos veces antes de poner las cosas por escrito. Por esta razón, hay más probabilidades de que se haya comprobado la exactitud de la información. Por eso le doy una probabilidad del 50% de ser correcta.

A menudo confiamos en lo que otros nos dicen y obtenemos malos resultados porque las cosas en las que confiamos resultan ser falsas. La proliferación de información insuficiente y mala continúa como desde el principio de los tiempos. Da igual que el mundo sea plano, que Sadam Husein posea armas de destrucción masiva o que Donald Trump haya ganado las elecciones de 2020. Las falsedades siguen vivas.

Podemos no estar de acuerdo en que la mitad de lo que la gente aprende al crecer es falso. Sin embargo, no podemos negar que una cantidad sustancial es falsa y que esa información es relevante para nuestras vidas. Más concretamente, cómo afecta a nuestra forma de sentir, actuar, reaccionar y tener éxito. Nos debemos a nosotros mismos darnos cuenta de la verdad.

El objetivo de este capítulo es ilustrar que constantemente recibimos información falsa que produce resultados falsos e incluso perjudiciales. ¿Y si aceptamos que la información inútil está en todas partes y que nos debemos a nosotros mismos descubrir la verdad? Queremos tener más experiencias positivas y mejores resultados.

Sencillamente, como sociedad, no ponemos suficiente énfasis en hacer las cosas bien. Vivimos en un mar de información falsa. Sinceramente, ¡somos perezosos! Y, a veces, esa pereza tiene un coste: ¡la muerte!

Sin embargo, ¡puedes elegir! Puedes investigar las cosas que son críticas para tu futuro, ya sea tu salud o tu éxito personal o empresarial.

Depositar tu confianza en los demás es una cosa, pero ¿no te debes a ti mismo obtener la mejor información para tomar las mejores decisiones y obtener el mejor resultado?

Es fundamental tener la mente abierta y afrontar estos hechos si quieres tener experiencias más positivas y mejorar tus posibilidades de éxito. ¡Porque la mentalidad importa!

CAPÍTULO 2

En este momento, careces de los conocimientos o la experiencia necesarios para alcanzar tu objetivo ahora

"¡No puedo obtener ninguna satisfacción!"

—MICK JAGGER

En este momento, careces de los conocimientos o la experiencia necesarios para alcanzar tus objetivos ¡ahora! Una noticia excepcional y emocionante, ¿verdad? ¿Sabes por qué? Si no lo sabes, no te preocupes, no estás solo.

Tómate un momento para considerar lo afirmativa y potencialmente fortalecedora y transformadora de la vida que es la afirmación. Utiliza tu práctica habitual para analizar la descripción.

Si no tienes ninguna, puedes utilizar una que aprendí hace años y que aún me resulta indispensable. No es necesario comprar nada, dedicar mucho tiempo ni aprender nada nuevo. De hecho, es extremadamente básico y solo requiere unos sencillos pasos. Con un mínimo de práctica, puedes integrarlo sin esfuerzo en tu vida diaria.

Empieza por despejar tu mente acelerada. ¿Por qué es necesario? Como me explicaron, tu mente es como una maleta. Si llenara la maleta de artículos, no tendrías espacio para moverte o incluir cosas que puedan ser de mayor valor. Por tanto, despeja tu mente de todas las distracciones para crear espacio. Este nuevo espacio te permitirá identificar cualquier otra distracción que debas abordar, procesar la información con menos esfuerzo y dar cabida a la información más reciente de mayor valor.

Para mí, hay dos distracciones principales. Son los sonidos y los elementos visuales no deseados. Para resolver el problema del sonido, simplemente me voy a un lugar tranquilo. Muy a menudo, no tengo esta opción. Así que me pongo los auriculares y escucho música suave y relajante. El nivel de la música debe ser suficiente para ahogar cualquier sonido no deseado, pero no tan abrumador que domine el proceso de pensamiento.

A continuación, cierro los ojos para eliminar todo lo visual. El objetivo no es experimentar la oscuridad total. Se trata más bien de eliminar los elementos visuales que distraen, como las cosas que se mueven. Eliminar el movimiento permite que los ojos descansen y reduce la carga del cerebro.

Una vez minimizadas las distracciones, es hora de elevar la experiencia. Puedes incorporar ejercicios de respiración para relajar la mente. Puede ser tan sencillo como media docena de inspiraciones y espiraciones controladas o una respiración rítmica más técnica. La elección es tuya, y puedo decirte que, con la práctica, todo el proceso se realiza sin esfuerzo, así que no te preocupes en exceso. Lo más importante es empezar.

Después de aclarar tu mente, es hacer una sola pregunta y esperar. Aquí es donde experimentarás el reto más difícil al principio. Tu mente tenderá a divagar. Así que, para contrarrestar la divagación, concéntrate en mantener una respiración constante y uniforme.

A medida que domines la respiración, acabarás perdiendo la conciencia de ella. Es aquí donde empezarás a recibir nuevos pensamientos sobre el asunto desde una nueva perspectiva y una mejor solución.

Es importante que no esperes que la técnica funcione la primera vez que la pruebes. Como cualquier habilidad, necesita desarrollarse. Sin embargo, puedo decirte por experiencia que puedes dominarla rápidamente y que la experiencia te resultará beneficiosa y gratificante.

Ahora volvamos a la tarea de analizar la declaración. En este momento, careces de los conocimientos o la experiencia necesarios para alcanzar tus objetivos ahora. Considera preguntarte lo siguiente como parte de tu análisis:

(1) ¿Qué elementos clave observas?

(2) ¿Cuál es el número de esos elementos?

(3) ¿Qué importancia tienen?

Si ahora tienes la mente despejada, deberías ser capaz de ver que estamos tratando con el tiempo, la conciencia, la información, la experiencia y los objetivos. Cinco elementos en total. Ahora piensa en el significado en términos de una ecuación matemática para resolver una variable desconocida. Atribuyamos una letra a cada uno de estos elementos de la siguiente manera: Tiempo (T), Conciencia (A), Información (I), Experiencia (E) y Objetivo (G).

El Objetivo es lo último que hay que alcanzar. Por lo tanto, es lo mismo que el producto. En otras palabras, si sumamos todo, deberíamos alcanzar nuestro Objetivo (G). Expresando nuestro escenario en términos matemáticos para resolver la Incógnita quedaría de la siguiente manera:

$$\text{Tiempo (T)} + \text{Conciencia (A)} + \text{Información (I)} + \text{Experiencia (E)} = \text{Objetivo (G)}$$

$$T+A+I+E=G$$

Aquí es donde la cosa se pone interesante. Tú eres quien establece el Objetivo (G). Por lo tanto, ya conoces el producto. El Tiempo (T) es una construcción humana; simplemente existe o no, dependiendo de tu comprensión científica. De cualquier forma, se considera una Constante o neutro. Y la Información (I) y la Experiencia (E) ya existen.

Espera, ¿he leído bien? ¡¿La información y la Experiencia ya existen?!

Correcto, solo se puede absorber algo que ya existe. Por ejemplo, pensemos en una esponja que puede absorber gas o líquido. Para que la esponja absorba gas o líquido, ya debe existir. Del mismo modo, el cerebro solo puede absorber información y experiencia si ya existen. Y el Conocimiento es el resultado de tener Información y Experiencia, así que no tienes que preocuparte por ello en este debate.

Sé que puede resultar difícil aceptar o incluso considerar que la información y la experiencia ya existen. Sin embargo, te pido que por ahora dejes de lado la cuestión de la Información y la Experiencia. Los trataré más adelante en el libro.

Te prometo que si no te obsesionas con este punto, merecerá la pena, aunque estés de acuerdo o en desacuerdo en ese momento. En cualquier caso, obtendrás información valiosa que te abrirá nuevas oportunidades.

Volviendo a nuestra ecuación, ahora quedaría así

$$T \text{ (constante)} + A \text{ (desconocido)} + I \text{ (conocido)} + E \text{ (conocido)} = G \text{ (conocido)}$$

$$A \text{ (Desconocido)} = T \text{ (Constante)} + I \text{ (Conocido)} + E \text{ (Conocido)} + G \text{ (Conocido)}$$

La variable restante es la Conciencia (A). Ahora piénsalo, si solo tienes una variable y puedes conseguir, o ya posees, la Conciencia necesaria (A), puedes resolver la ecuación o tu problema. En otras palabras, tienes lo que necesitas para alcanzar tu objetivo. Porque sabemos por las matemáticas que puedes resolver cualquier problema cuando solo queda una variable.

Ahora, en el contexto del análisis anterior, reconsidera la afirmación: En este momento, careces de los conocimientos o la experiencia necesarios para alcanzar tu objetivo. ¿Qué tiene de poderosa esta afirmación?

En primer lugar, hay que resolver un problema. Y, por supuesto, reconocer que algo necesita solución es fundamental. Significa que eres consciente del problema y que tienes que actuar si quieres resolverlo. ¿Estás preparado para actuar?

En segundo lugar, considerar un problema frecuente desde una perspectiva matemática puede reducir su complejidad. Como puedes ver, en nuestro ejemplo, solo hay que resolver una variable. A veces, se da el caso de que solo te falta una cosa: Conciencia (A). ¿Te sientes más seguro de poder alcanzar tu objetivo sabiendo que solo necesitas resolver una cosa?

Enhorabuena, ahora eres consciente de lo que necesitas. Con suerte, emprenderás las acciones necesarias para alcanzar tu objetivo. Requerirá un aprendizaje adicional, lo que exige una mente abierta. Y, con una mente abierta, absorberá la Información o Experiencia que ya existe para que alcances tu meta.

Si lo que te estoy diciendo es verdad, ¿sería potencialmente transformador y cambiaría tu vida? Piensa en todas las cosas que puedes lograr ahora. ¿Te sientes capacitado?

CAPÍTULO 3

Tú no creas nada.

"Nosotros no creamos la obra; creo que de hecho, somos descubridores".

—GLEN MURCUTT

Para empezar, ofrezco mis más profundas y sinceras disculpas a todos los creadores. Decir "tú no creas nada" no pretende disminuir la valiosa contribución de nadie a la sociedad ni desacreditarle. Está escrito con la mejor intención de iluminar otra perspectiva, una que te sirva mejor.

Esperemos que todos los creadores maravillosos y visionarios reciban pronto un título más digno. Un título que realmente capte la esencia de su capacidad. Un título que también dé poder, ilumine y anime tanto al creador como a los demás. Hace tiempo que debería haberse hecho.

Mi intención en este capítulo es proporcionar claridad sobre el tema de la creación para cambiar tu mentalidad a mejor. En otras palabras, como hemos comentado en el capítulo anterior, las cosas que aprendemos son falsas. La idea de que creamos cosas es otra de esas falsedades. Una falsedad que no te beneficia puede impedirte o incluso disuadirte de intentar alcanzar un objetivo.

No todo el mundo se ve a sí mismo como un creador o poseedor de la habilidad de crear. No todos los inventores y empresarios se consideran creadores. Creen que tienen un sentido innato para seguir un camino que les resulta más natural, cómodo y alineado con su personalidad.

Sin embargo, otros que aspiran a ser inventores o empresarios pueden tener una perspectiva distinta. Pueden preguntarse y dudar de si tienen la habilidad necesaria para ser creadores. Esto provoca una incertidumbre que no mejora las posibilidades de éxito.

Las páginas que siguen pretenden aportar claridad. Puede parecer una cuestión semántica, lo cual está bien. Sin embargo, es imperativo tener claridad porque las palabras importan. Las palabras conducen a tu comportamiento, tus hábitos, tus valores y tus objetivos.

Dicho esto, aclaremos la cuestión de crear para pasar después a los conceptos más esclarecedores. Conceptos que pueden cambiar tu perspectiva. Es de esperar que abran la puerta a nuevas oportunidades y posibilidades. El del tipo que son realmente realistas, más fácilmente alcanzables y que cambian la vida.

Merriam Webster define Crear como traer a la existencia o producir o provocar mediante un curso de acción o comportamiento. Dictionary.com define Crear como hacer que surja, como algo único que no se desarrollaría de forma natural o que no se hace mediante procesos ordinarios o evolucionar a partir del propio pensamiento o imaginación, como una obra de arte o un invento. Y otros diccionarios tienen definiciones similares.

Además, es igualmente importante definir la imaginación, ya que forma parte del proceso de creación. Los diccionarios definen la imaginación como el acto o el poder de formarse una imagen mental de algo, no presente a los sentidos o nunca percibido, y nosotros definimos la realidad como la cualidad o el estado de ser real.

Según esta definición, para crear algo, hay que hacerlo nacer o existir. Se necesitaría información. Y como dije en el capítulo anterior, la información ya existe. Puede ser de forma física o no física, como un pensamiento, pero existe en algún lugar y de alguna forma.

Ya se trate de un inventor o de un teórico, ambos imaginan o visualizan un producto o una teoría y lo traen a la existencia humana. Incluso las teorías que no existen, tal como las conocemos, no significan que no existan en el reino humano o más allá del reino humano en una forma.

Si todo esto te parece un galimatías, deja de leer aquí. Sé que puede parecer difícil de creer.

No obstante, si todavía eres escéptico, deja de leer para que no te haga perder más tiempo.

Sin embargo, ten en cuenta que lo que comparto contigo está respaldado por los eruditos, profesores y expertos científicos más respetados de nuestro tiempo. No se trata simplemente de sus opiniones. Está validado por fórmulas científicas, que además coinciden con las teorías más consolidadas de la historia de la humanidad.

Mi última advertencia es que los conceptos que siguen son controvertidos, incluso radicales, y difíciles de entender. Sin embargo, como ya he dicho, cuentan con el respeto y el apoyo de la comunidad científica en general. Estos conceptos también son responsables de proporcionar una perspectiva única que fomenta la investigación científica en áreas que de otro modo se ignorarían. La investigación es pionera, monumental, disruptiva y responsable de avances inimaginables en la ciencia. ¡Acompáñanos si te atreve!

Ahora vamos a profundizar más en el tema de la creación examinando primero el concepto de tiempo. ¡El tiempo NO es real! Es una construcción humana. El ser humano lo utiliza para diferenciar el presente de su percepción del pasado y del futuro. Es una ilusión hecha de recuerdos de todo lo que ha pasado o pasará ahora. Y ahora los físicos pueden demostrar que todo ocurre al mismo tiempo.

Los físicos, como Max Tegmark, del Instituto Tecnológico de Massachusetts (MIT), explican que existe un universo de bloques en el que el tiempo y el espacio están conectados, lo que se conoce como conocido como espacio-tiempo. Esta teoría se ajusta a la teoría de la relatividad de Albert Einstein, que afirma que el espacio y el tiempo forman parte de una estructura cuatridimensional en la que todo lo que ha sucedido tiene sus propias coordenadas en el espacio-tiempo.

Permite que todo exista porque el pasado, e incluso el futuro, siguen ahí en el espacio-tiempo, haciendo que todo tenga la misma importancia que el momento presente.

Según Tegmark, podemos representar nuestra realidad como un lugar tridimensional en el que suceden cosas a lo largo del tiempo o como un lugar cuatridimensional en el que no sucede nada ["universo bloque"] - y si realmente es la segunda imagen, entonces el cambio es realmente una ilusión, porque no hay nada que esté cambiando; todo está ahí - pasado, presente, futuro.

"Tenemos la ilusión, en cualquier momento dado, de que el pasado ya ocurrió, y el futuro aún no existe, y esas cosas están cambiando".

"Pero de lo único que soy consciente es del estado de mi cerebro en este momento. La única razón por la que siento que tengo un pasado es que mi cerebro contiene recuerdos".

Julian Barbour, físico británico autor de libros sobre el tiempo, describe todo como una serie de "ahoras".

El Dr. Barbour se lo dijo al físico y escritor Adam Frank en el libro *"About Time: Cosmology and Culture at the Twilight of the Big Bang"*: "Mientras vivimos, parece que nos movemos a través de una sucesión de "ahoras", y la pregunta es: ¿qué son?".

Explica, añadiendo a la teoría del espaciotiempo que cada cosa tiene su propio lugar: "Se puede pensar en ello como un paisaje o país. Cada punto de este país es un Ahora, y yo llamo al país Platonia porque es atemporal y creado por reglas matemáticas perfectas".

Y añade que lo que percibimos como pasado es simplemente una ilusión formada en nuestro cerebro.

Dr. Barbour: "La única prueba que tienes de la semana pasada es tu memoria. Pero la memoria procede ahora de una estructura estable de neuronas en su cerebro.

"La única evidencia que tenemos del pasado de la Tierra son las rocas y los fósiles. Pero estos son solo estructuras estables en forma de una disposición de minerales que examinamos en el presente."

"La cuestión es que todo lo que tenemos son estos registros, y solo los tenemos en este Ahora".

Nuestro nacimiento, muerte y cada momento de nuestra vida están ahí fuera, en algún lugar, en el espacio-tiempo.

Ese es el modelo del universo de bloques de nuestro mundo.

En el universo de bloques, el tiempo no pasa.

A menudo parece que donde estamos "hoy" es presente, "ayer" es pasado y "mañana" es futuro.

También parece que el momento presente también cambia: al fin y al cabo, mañana parecerá que mañana es presente, ¡y ayer parecía que ayer era presente!

Así que, desde nuestra perspectiva, el tiempo fluye o pasa. Pero en el modelo del universo de bloques, el tiempo no fluye.

En otras palabras, en un universo de bloques no existe un momento presente concreto, y los momentos "pasado" y "futuro" son relativos.

Piensa en la idea de "aquí". Yo estoy aquí. Tú, mientras lees esto, puedes decir honestamente: "Estoy aquí", aunque tu "aquí" sea diferente del mío.

¿Qué es el tiempo?

En el modelo del universo de bloques, hablar del "presente" o "ahora" funciona igual que hablar de "aquí".

¿Recuerdas cuando la semana pasada le dijiste a tu amigo, que llegaba tarde a tomar café, "ahora estás aquí"; o cuando, hace mucho tiempo, César dijo: "ahora estoy cruzando el Rubicón"?

Ambas afirmaciones son exactas. Esto se debe a que todo lo que significa hablar del presente, o ahora, es hablar del lugar en el tiempo en el que uno se encuentra.

Puesto que siempre estamos situados dondequiera que estemos (eso es trivialmente cierto), todo el mundo está en el presente, igual que todo el mundo está situado en el lugar que llama "aquí".

Según el punto de vista del universo de bloques, existen relaciones temporales de "antes que" y "después que". Estas relaciones se mantienen independientemente de dónde se encuentre cada uno.

Así, supongamos que Bert el dinosaurio se encuentra antes que Sally el perro. Esa relación entre Bert y Sally se mantiene, independientemente de si estamos situados antes que Bert o después que Sally.

Teniendo esto en cuenta, es posible ver cómo dar sentido a la idea de pasado y futuro. Así como en este modelo el "ahora" designa cualquier momento en el que me encuentre, el "pasado" designa cualquier momento (o acontecimientos en esos momentos) que sean anterior a mi ubicación, y "futuro" recoge cualquier tiempo o acontecimiento posterior a mi ubicación.[6]

Consideremos lo siguiente. Si todo existe ya en nuestro Universo de bloques, no creamos nada porque ya existe. Es como un puzzle. Precede a las piezas en las que se corta para que alguien lo vuelva a montar más tarde. ¿No es fantástico?

Piensa en lo que voy a decirte. Todo lo que los humanos hemos traído a la existencia proviene de cosas que ya existían. Ya sea la rueda, las teorías, el avión, Internet o incluso los pensamientos, ya existían, y hemos utilizado lo que había disponible para hacerlos realidad.

¿Te parece una locura? Yo creo que no. Te reto a que nombres una cosa que haya surgido de algo que no existiera previamente, ¡porque no puedes!

Puede parecer aterrador o inquietante. Sin embargo, deberías sentirte aliviado y entusiasmado. Ahora ya no necesitas pasar tiempo preocupándote por si puedes crear algo. Porque si puedes imaginarlo, es porque los pensamientos y los materiales ya existen. Lo único que tienes que hacer es encontrar las piezas, ensamblarlas y dar vida a tu pensamiento, igual que hizo Thomas Edison con una versión mejorada de la bombilla para producir luz.

Si te hubieran enseñado el Universo de Bloques cuando eras joven, ¿crees que habrías pasado menos tiempo preocupándote por lo que podrías conseguir? ¿Habrías aprovechado ese tiempo para hacer otras cosas y vivir otras experiencias? ¿Sería tu existencia diferente de lo que es?

Según el Modelo del Universo de Bloques, la realidad que experimentas es lo que existe y lo que estás destinado a experimentar. Sin embargo, con un mejor conocimiento y acceso a la información y a las experiencias, experimentarías una realidad diferente. Es como tomar una bifurcación en el camino y elegir una dirección en lugar de otra. Tu destino puede ser diferente, o al menos, la experiencia a lo largo del camino es diferente.

Considera la idea que comparto contigo como algo valioso. ¿Es poderosa, esclarecedora e incluso transformadora? ¿Es la información que has estado buscando para transformar y realizar tus sueños?

¿Consideras esto? Yo estoy equivocado y tú tienes razón. El pasado, el presente y el futuro no existen simultáneamente. Enhorabuena, ahora tienes un montón de escenarios alternativos para inundar tu mente y distraerte.

Por ejemplo, considera que una parte de ti cree que la información que buscas no existe. Otra posibilidad es que nunca experimentes las lecciones necesarias para alcanzar tus objetivos.

Estos son ejemplos y, siendo realistas, las posibilidades son infinitas. Tus posibilidades ahora de centrarte y encontrar la información y las experiencias que buscas son escasas.

¿La verdad? En cualquier caso, necesitas encontrar la información o las experiencias para lograr tus objetivos. Objetivamente hablando, ¿qué sistema de creencias crees que te mantendrá más centrado, eficiente, motivado y decidido? La Teoría del Universo en Bloque, ¡por supuesto!

CAPÍTULO. 4

Si solo retenemos el 20%, o menos, de lo que lo que aprendemos, ¿por qué dedicar tiempo a leer y memorizar datos y cifras?

"¡Es fácil quedar atrapado en una telaraña pegajosa!"

—SPIDER LOCKHART

I antes de E Excepto Después de C, 3,14159265358979323846, Plymouth Rock, $a^2 + b^2 = c^2$, Gliese 581d, Hace ochenta y siete años...

Puedes decirme el significado de cada una de las siguientes referencias:

I Antes de E Excepto Después de C. Una regla ridícula. Quizá más para mí porque mi nombre de pila, Keith, es una excepción a la regla. Nunca nadie pudo explicarme por qué mi nombre era una excepción, aparte de que era porque soy especial.

Cuando era joven, me resultaba más frustrante que halagador. Mira cuántas otras excepciones hay:

Cuando suena como "AY", en inglés, como en *neighbor* y *weight*.

Cuando suena como "AHI", en inglés, como en Einstein.

Muchas palabras suelen considerarse excepciones. Sin embargo, se escriben correctamente. No es fácil recordar estas palabras. A continuación figura una lista de palabras que suelen confundirse:

Ni, raro, extranjero, ocio, confiscar, confiscar, altura, proteína, cafeína, confiscación, codeína y vaquilla.

Palabras CIEN, por ejemplo:

- Eficiente
- Conciencia
- Suficiente

¿Soy yo? ¿Estoy loco pensando que memorizar todo esto es un desperdicio?

El número 3,14159265359 es Pi o el cociente matemático entre la circunferencia de un círculo y su diámetro. Muy guay recordar el número y tantos números decimales como sea posible de niño. Pero, ¿por qué animarse a hacerlo?

¿Por qué no recordar simplemente que Pi es la solución para resolver la variable del diámetro o circunferencia del círculo? En lugar de eso, se nos anima e incluso se nos pide que memoricemos el número entero y un montón de dígitos más. Como diría mi primer profesor de física, el Sr. Logan, "todo es esotérico", y está ocupando un espacio innecesario en nuestros cerebros.

¿Qué tal Plymouth Rock? Es difícil imaginar que alguien pueda dar tanta importancia a un objeto tan pequeño, originalmente de 10 toneladas o aproximadamente 30' x 6'. No es un objeto que se vea desde el mar y hacia el que se pueda navegar. En otras palabras, no es el Peñón de Gibraltar. Sin embargo, esta roca es mundialmente famosa, con más de un millón de visitantes al año.

Plymouth Rock es el lugar tradicional de desembarco de *William Bradford* y los *peregrinos del Mayflower*, que fundaron la *colonia de Plymouth* en diciembre de 1620. Los peregrinos no se refirieron a Plymouth Rock en ninguno de sus escritos; la primera referencia escrita conocida a la roca data de 1715, cuando en los registros de los límites de la ciudad se le llamó "una gran roca". La primera afirmación documentada de que Old Thomas Faunce hizo la primera afirmación documentada de que Plymouth Rock era el lugar de desembarco de los peregrinos data de 1741, 121 años después de que los peregrinos llegaran a Plymouth.[7]

Te dejo a ti las matemáticas y su significado. ¿Crees que merece la pena memorizarla y las historias asociadas a ella?

¿A quién le gusta Pitágoras? Apuesto a que ni siquiera sabes quién es. A Pitágoras se le atribuye, entre otras cosas, haber descubierto cómo calcular la longitud desconocida de un lado de un triángulo. Su famosa fórmula $a^2 + b^2 = c^2$ se enseña, a en las escuelas de todo el mundo. Todavía se pide a los alumnos que la memoricen.

Gliese 581g - Después de años diciendo que los exoplanetas habitables están a la vuelta de la esquina, los cazadores de planetas encontraron uno en 2018. Gliese 581g es el primer planeta encontrado que se encuentra directamente en la zona habitable de su estrella, donde se dan las condiciones adecuadas para el agua líquida. Un descubrimiento absolutamente emocionante. Es muy probable que haya más de 100.000 millones de estrellas y planetas en nuestra Galaxia Láctea. Sin embargo, Gliese acapara toda la atención porque se encuentra en el pequeño sector del cielo nocturno que hemos decidido explorar. ¿Merece la pena memorizarlo?

"Hace cuatro veintenas y siete años..." es uno de los discursos más famosos y SÍ, todavía se enseña en la escuela a día de hoy. Sin embargo, incluso los que recordamos partes del discurso olvidamos que cuatro veintenas equivalen a 80 años.

Entonces, ¿qué sentido tiene todo esto? Como diría el Sr. Logan, "todo es esotérico". En otras palabras, ¡información que solo conocen unos pocos y que muy probablemente no merezca la pena recordar!

Estos son algunos ejemplos de información que se nos anima a retener y que tiene poco valor en el ámbito general de nuestras vidas. ¿Están los educadores realmente interesados en que memoricemos y retengamos "datos curiosos"? Tal vez vean estas experiencias como ejercicios de memoria para ampliar nuestra memoria.

Además de memorizar datos curiosos, también aprendemos a través de experiencias. En particular, las experiencias ocurren con frecuencia significativamente mayor que la memorización de hechos. Y ocurren queramos o no. También las malinterpretamos, y con el tiempo se demuestran falsas.

¿Te has quemado alguna vez un dedo en la cocina? ¿Y el brazo en el horno? ¿Nunca te advirtió alguien de que tuvieras cuidado con estas situaciones? Podemos estar de acuerdo en que se trata de información esencial, pero aun así la mayoría de la gente tiene la desagradable experiencia de quemarse con una estufa o un horno más de una vez.

Entonces, ¿por qué ocurrió? ¿Pensaste que la información no era importante o era falsa, o se te olvidó? ¿Cuántas veces hizo falta para aprender la lección? La cuestión es que incluso las lecciones básicas de la vida cotidiana no son tan fáciles de retener.

¿Qué te parece hacer la compra? ¿Has memorizado ya todos los artículos de tu tienda favorita para no tener que recorrer todos los pasillos en futuras visitas? Por supuesto que no, porque sabemos por experiencia que los productos cambian y a veces se mueven. Por lo tanto, memorizarlos y saber dónde están no es el mejor uso que podemos hacer de nuestro tiempo.

Las investigaciones demuestran que los pájaros y los humanos tienen diferentes redes de neuronas en el cerebro. Sin embargo, tu memoria de trabajo está limitada por mecanismos similares.

La memoria de trabajo es la capacidad del cerebro para procesar información durante un breve periodo de tiempo en un estado recuperable. Es esencial para realizar tareas cognitivas complejas, como pensar, planificar, seguir instrucciones o resolver problemas. Un equipo de investigadores de la Ruhr-Universität Bochum (RUB) ha logrado investigar con más detalle esta área especial de la memoria en las aves y compararla con el almacenamiento de datos en el cerebro de los mamíferos. Los científicos descubrieron que las aves y los monos -a pesar de su diferente arquitectura cerebral- comparten idénticos mecanismos centrales y límites de la memoria de trabajo.

Los investigadores del departamento de Bases Neuronales del Aprendizaje de la RUB publicaron los resultados en la revista eLife el 3 de diciembre de 2021.

La capacidad de la memoria de trabajo es limitada. Los seres humanos solo pueden asimilar simultáneamente unos cuatro elementos de información, y fue precisamente esta limitación lo que despertó la curiosidad de los investigadores de Bochum. "Existen varias teorías sobre cómo se produce la limitación en el cerebro y qué papel desempeña en ello la red de neuronas", describe el primer autor Lukas Hahn. "Sin embargo, los modelos existentes se basan exclusivamente en estudios en humanos y otros primates. Queríamos complementarlos con nuestros conocimientos".

Hahn, que trabaja en la Facultad de Psicología en el departamento del profesor Jonas Rose, está especializada en la investigación de las bases neuronales de la cognición en el cerebro aviar. "La memoria de trabajo de algunas aves, como los cuervos, tiene una capacidad similar a la de los humanos, aunque su arquitectura cerebral es muy diferente a la de los mamíferos", explica Jonas Rose, jefe del departamento de Bases Neuronales del Aprendizaje de la RUB. "Queríamos saber: ¿Cómo pueden cerebros con ¿Cómo cerebros con diferencias estructurales tan claras pueden producir memorias de trabajo con capacidades similares?

Para ello, los científicos de Bochum observaron cuervos en la Facultad de Psicología de Bochum. Evaluaron la memoria de trabajo de las aves con un ejercicio desarrollado originalmente para monos macacos. "Enseñamos a los cuervos a mirar una pantalla y memorizar en ella un número diferente de cuadrados de colores", explica Hahn. "Tras una pausa con un segundo de pantalla en negro, les presentamos de nuevo los cuadrados de la pantalla, pero ligeramente diferentes. Las aves tenían ahora la tarea de averiguar qué cuadrado había cambiado".

Mientras los cuervos realizaban la tarea, los científicos registraron la actividad neuronal en una zona del cerebro correspondiente al córtex prefrontal, el eje central de la cognición en los mamíferos. "Los estudios demostraron que las neuronas del cerebro de los cuervos respondían a los colores cambiantes prácticamente igual que las neuronas de los monos", analiza Rose. Además, los científicos observaron que aumentar el número de elementos que los cuervos tenían que recordar alteraba la cantidad de información que codificaban las neuronas individuales en el mismo grado que se había observado anteriormente en los monos.

Lukas Hahn: "Las similitudes entre las especies de aves y mamíferos, parientes lejanos, confirman ideas básicas preexistentes sobre los límites de la memoria de trabajo. Además, sugieren que aves y simios comparten los mismos mecanismos básicos y límites de la memoria de trabajo a pesar de su diferente arquitectura cerebral." Y Hahn ya tiene ideas para proyecto de seguimiento, a saber, investigar cómo las distintas regiones del cerebro de las aves procesan entre sí las señales de la memoria de trabajo. "Ésa sería una pregunta apasionante para el futuro, para descubrir más bases neuronales de la cognición en el cerebro aviar".[8]

¿Consumes infinidad de libros? ¿Has leído cientos, miles o más de artículos? ¿Y etiquetas? ¿Puedes cuantificar la cantidad de información que has visto o incluso capturado de Internet?

¡¿Consideras Esto?!

¿Y las experiencias? ¿Puedes recordarlas todas, la mitad, una fracción? O mejor aún, menciona el número de lecciones que has aprendido.

Francamente, en el mejor de los casos, es infinitesimal en relación con todo lo que existe, y te diré por qué.

Según Forrest Wickman, los neurocientíficos computacionales creen en general que el cerebro almacena entre 10 y 100 terabytes de datos. A modo de comparación, la mayoría de los ordenadores portátiles almacenan entre 8 y 16 gigabytes de información. Con 16 gigabytes, el cerebro puede almacenar 0,016 terabytes. En otras palabras, el cerebro puede almacenar al menos 625 veces más información que un ordenador portátil. ¡Impresionante![9]

Si todo esto te parece confuso, el siguiente gráfico te ayudará.

MÉTRICA.	VALOR	BYTES
BYTE (B)	1	1
KILOBYTE (KB)	$1,024^1$	1.024
MEGABYTE (MB)	$1,024^2$	1.048.576
GIGABYTE (GB)	$1,024^3$	1.073.741.824
TERABYTE (TB)	$1,024^4$	1.099.511.627.776
PETABYTE (PB)	$1,024^5$	1.125.899.906.842.624
EXABYTE (EB)	$1,024^6$	1.152.921.504.606.846.976
ZETTABYTE (ZB).	$1,024^7$.	1.180.591.620.717.411.303.424
YOTTABYTE (YB)	$1,024^8$.	1.208.925.819.614.629.174.706.176

La cantidad de datos estimada en el mundo en 2020 era de 44 zettabytes. Y para 2025, se espera que la cantidad de datos generados cada día alcance los 463 exabytes a nivel mundial. Google, Facebook, Microsoft y Amazon almacenan al menos 1.200 petabytes de información.

49

Esos 44 zettabytes equivalen a 44.000.000.000 terabytes, y recuerda que tu cerebro solo puede retener entre 10 y 100 terabytes. En otras palabras, todos estamos rodeados de un mar de información y experiencias del que solo conoceremos una ínfima parte.

Entonces, ¿qué tiene de importante esta realidad? Como me advirtió una vez mi abuelo, "¡elige sabiamente!". Y eso se aplica a lo que elegimos recordar de la infinita información y experiencias.

Estoy seguro de que estarás de acuerdo, desde la perspectiva de los 30.000 pies, en que la cantidad de información y experiencias que existen es abrumadora.

Por eso, en lugar de intentar memorizar una cantidad máxima de conocimientos, una estrategia mejor es aprender a acceder a ellos cuando se necesitan. Una buena analogía es lo que aprendí de un brillante profesor de Derecho educado en Harvard en mi primer semestre de Derecho. "¡No te molestes en aprender la ley!". La ley es dinámica. Cambia, evoluciona, serpentea, y lo hace con frecuencia.

¿Interesante? Pensé por un momento... menos trabajo para mí. Suena bien. Y vaya, resultó ser un gran consejo no solo para el Derecho, sino para todo lo demás en la vida. ¿Crees que estoy de broma? No, pero déjame que te lo explique.

El razonamiento que subyace al comentario del profesor de Harvard es anormalmente sencillo. El Derecho no está estancado. Cambia constantemente. Podemos ver que es cierto en la reciente decisión del tribunal de anular el famoso caso de Roe contra Wade. Puf, así de fácil, cincuenta años de precedentes desaparecidos en un instante.

Afortunadamente, el viejo profesor tuvo la amabilidad de explicarse. Dijo que lo importante es saber cómo obtener la información cuando se necesita. En el momento de la conversación, se refería a la biblioteca jurídica, repleta de lujosos libros de tapa dura. Esos libros eran inquietantemente, de color oscuro con grabados dorados y pesaban unos dos kilos cada uno.

Aquella conversación fue hace unos treinta y cinco años. Hoy, estoy seguro de que la misma biblioteca jurídica tiene un aspecto muy diferente. A falta de libros, imagino que con toda la información ahora en formato digital y accesible en una fracción de tiempo en un ordenador.

Aunque, estoy dispuesto a apostar que el formato de archivo no es diferente y es similar al Sistema Decimal Dewey. ¿Recuerdas al bueno de Melvil Dewy, el hombre responsable de ese sistema de clasificación bibliotecaria patentado que permitía añadir nuevos libros a una biblioteca en su ubicación adecuada según el tema? Sí, se remonta a 1876 en Estados Unidos y es otro de esos datos curiosos que ocupan la valiosa RAM, memoria de acceso aleatorio de su cerebro.

En los últimos años se han producido muchos avances en la catalogación y el acceso a la información. Es realmente extraordinario cómo los ordenadores han transformado nuestras vidas. También hay descubrimientos y avances menos conocidos que están a punto de transformar nuestras vidas.

Como ya mencioné en uno de los capítulos anteriores, la información y las experiencias ya existen. Sí, existen, y aquí podrás ver cómo y dónde.

¿Todavía suena demasiado bueno para ser verdad? A mí me lo pareció al principio. No fue hasta que aprendí más sobre otras teorías de la ciencia que se confirmaron que decidí aceptar estas cosas como hechos. Al fin y al cabo, es difícil discutir con la ciencia. Después de todo, es difícil discutir las teorías científicas una vez que se validan y se ajustan a otras leyes bien establecidas dentro de las ciencias.

Antes de adentrarnos de lleno en cómo y dónde existen la información y las experiencias, debemos echar un vistazo más de cerca al cerebro humano. Hay muchas cosas que todavía no sabemos sobre el cerebro. Sin embargo, también hay una cantidad asombrosa de cosas que sí sabemos. Comprender el cerebro te preparará el terreno para desbloquear potencialmente uno de los mayores regalos que jamás recibirás.

Nuestro cerebro está formado por miles de neuronas, o células cerebrales, y contiene muchas estructuras diferentes. Pero la corteza cerebral las envuelve a todas.

Esta "corteza" es la capa más externa del cerebro y es responsable de complicadas funciones cognitivas como el pensamiento, el razonamiento, la memoria, los rasgos de personalidad y el lenguaje.

Las partes más profundas del cerebro se encargan de los aspectos más "primitivos" de nuestra vida, como los miedos, los impulsos, el subconsciente y las emociones.

Nuestro cerebro también tiene otra capa, conocida como subcórtex, que forma una conexión directa con el córtex y desempeña un papel vital en el procesamiento y la transmisión de datos.

Tras repasar brevemente la biología del cerebro, es hora de hablar de una de sus funciones más vitales: la memoria. Después de todo, ¿de qué sirve procesar nueva información si no se puede almacenar?

La memoria es un proceso automático, por eso normalmente le prestamos demasiada atención.

Cada acontecimiento, grande o pequeño, pasa por los centros de memoria de nuestro cerebro, nos demos cuenta o no. Sin embargo, la mayor parte de la información que pasa no se almacena de forma permanente.

Existen tres tipos de memoria.
Memoria sensorial

Cuando nuestro cerebro es activado por un estímulo sensorial externo, retiene brevemente la información después de que el estímulo original se desvanezca.

Por ejemplo, si has visto encenderse bengalas o las luces de un coche en el tráfico nocturno, te habrás dado cuenta de que la luz parece dejar tras de sí un rastro antes de desvanecerse. Esto se debe a la **memoria icónica,** el tipo visual de memoria sensorial.

Aunque el estímulo ya no exista en ese momento, nuestro cerebro sigue almacenando su impresión durante un breve periodo de tiempo. Después, la mente tiene la opción de olvidar esta información o seguir procesándola a través de los "bancos de memoria" del cerebro.

Los otros dos tipos de memoria sensorial son la **memoria ecoica (auditiva)** y la memoria **háptica (táctil).**

Es importante tener en cuenta que, a diferencia de la memoria a corto y largo plazo (de la que hablaremos más adelante), la memoria sensorial no se controla conscientemente. La función principal de la memoria sensorial es crear una representación detallada y completa de nuestra experiencia sensorial.

En el aprendizaje, la memoria sensorial puede activarse utilizando elementos que estimulen los sentidos, como música de fondo o imágenes visuales en las presentaciones.

Memoria a corto plazo

La memoria a corto plazo, también conocida como *memoria de trabajo*, permite el almacenamiento temporal de información cuando la activa un estímulo.

Según los expertos, este tipo de memoria solo puede retener unos siete elementos. Además, también tiene un límite temporal corto, de unos 10-60 segundos.

Memoria a largo plazo

Tras pasar por los canales de la memoria a corto plazo, la información relevante avanza a los almacenes a largo plazo.

En este punto, es mucho menos probable que nuestro cerebro olvide información importante. Pero incluso este tipo de memoria puede decaer si no se recuerdan los detalles relevantes.

Aunque existen varias teorías sobre cómo se procesa la información en el cerebro, la mayoría de los expertos coinciden en que el proceso consta de tres etapas cruciales:

- **Entrada.** En la primera etapa, la mente recibe un estímulo, en respuesta al cual evalúa y analiza la información captada. Es en esta etapa cuando el cerebro decide si merece la pena recordar la información o no.

- **Almacenamiento.** En la etapa de almacenamiento, el cerebro organiza, codifica y guarda la información para utilizarla en el futuro. Sin embargo, el cerebro puede olvidar la información almacenada con el tiempo si no se refuerza.

- **Salida.** Durante esta última etapa, el cerebro determina la mejor manera de utilizar esta información y cómo debe responder al estímulo. Por ejemplo, después de leer una serie de instrucciones, el cerebro te permite utilizar los conocimientos recién adquiridos para completar una tarea.[10]

El cerebro humano me parece fascinante. Mientras aprendías cómo funciona el cerebro, ¿te sonaba algo familiar? ¿Te sonaba como si alguien estuviera describiendo un ordenador? ¿Introducción? ¿Procesamiento? ¿Transmisión? ¿memoria? ¿almacenamiento? ¿Y así sucesivamente?

¿De dónde surgió la idea de un ordenador? ¿Se te ocurrió a alguien replicar el cerebro? Todas estas preguntas son valiosas. Porque, con preguntas, llegarán las respuestas.

¿Sabes que cuando naces, tu cerebro viene precargado con un sistema operativo, información y experiencias? Análogo a cuando compras un ordenador nuevo. Ya me entiendes. Cuando lo sacas de la caja, ya tiene un sistema operativo, programas y una cierta cantidad de información, experiencia y memoria esperando a ser operativa.

Ahora es el momento de evaluar tu memoria. ¿Mencionó la explicación anterior del cerebro que toda la información y la experiencia ya están en tu cerebro? Hablamos de funciones como el pensamiento, el razonamiento, la memoria, los rasgos de personalidad y el lenguaje. Pienso en ellas como el procesador, la memoria RAM, el disco duro y los programas precargados en tu nuevo ordenador.

Sin embargo, en lo que respecta a la información y la experiencia, el pasaje habla de la incorporación de la información y la experiencia a partir de los estímulos. También menciona el procesamiento, y a veces el almacenamiento, de esa información y experiencia. Yo lo veo como la nueva información, experiencia o imágenes que añades a tu ordenador y que llenan tu disco duro.

Como ves, son similares. El cerebro y un ordenador tienen una memoria de trabajo a corto plazo o RAM y una memoria a largo plazo como un disco duro. Ambos aceptan y procesan información y experiencias.

Entonces, ¿de dónde vienen la información y la experiencia? Supongo que ya deben de existir. ¿Sabías que la información no puede perderse permanentemente? Incluso si envías conocimiento a un agujero negro, que lo destruye todo, no destruirá el conocimiento.

Stephen Hawking propuso una vez que los agujeros negros acabarán evaporándose debido a la radiación de Hawking. Así, toda la información devorada por el agujero negro se destruye. Sin embargo, esto viola la física, y Hawking pronto se retractó de sus opiniones. Estoy dispuesto a apostar que lo mismo ocurre con la experiencia. La experiencia es la interacción y observación de hechos o acontecimientos que son información.

Alerta. La información y la experiencia están en todas partes, ¡y no se destruyen! Sí, es cierto. Vale, pero si es cierto, ¿dónde está? Gracias a la ciencia moderna, podemos responder a esa pregunta. ¿Alguna suposición? Te daré una pista. Ya lo hemos mencionado antes.

Está en el Universo de bloques que ocupamos.

Si puedes creer que toda la información y la experiencia ya existen y que tu cerebro es capaz de procesarlas, quizá lo único que necesites sea aprender a captarlas y procesarlas. ¿Es posible algo así? ¿Por qué no sería concebible?[11]

Podemos estar de acuerdo en que el cerebro humano es igual que un ordenador. Es decir, que tenemos una memoria de trabajo y una memoria a largo plazo limitadas, y entonces podemos estar de acuerdo en la importancia de elegir los conocimientos que queremos retener. Y si no estás de acuerdo, no pasa nada. Porque más adelante en el libro, te ofreceré otra alternativa a considerar. Una alternativa que no solo puede eliminar limitaciones, sino que también te da acceso a posibilidades mucho mayores.

La lectura es también una magnífica oportunidad para memorizar o retener datos y cifras. Da la oportunidad de escuchar y aprender de las experiencias de otras personas. Estamos hablando de la posibilidad de encontrar soluciones por la vía rápida con menos trabajo, desafíos y angustias.

¿Cree que tenemos una capacidad ilimitada para retener conocimientos? ¿Lo creen los ordenadores? No.

El cerebro humano tiene una capacidad limitada para retener información. Sin embargo, no necesitamos tener una capacidad cerebral ilimitada para tener éxito. Creer que tenemos una capacidad cerebral limitada nos da la oportunidad de elegir cuidadosamente la información esencial que queremos retener o considerar otras opciones. Sí, memorizar y tener un acceso más rápido a esa información ahorra tiempo y, muy posiblemente, mejora tus posibilidades de éxito. Y, cuando aprendas lo que viene más adelante en este libro, puede que ni siquiera sea necesario recordar nada.

CAPÍTULO 5

Pasas una cantidad desproporcionada de tiempo pensando cómo resolver problemas que resolviendo problemas.

"Dale tiempo al tiempo, resolverá la mayoría de tus problemas".
—LOKESH GIRI

Henry Ford, industrial estadounidense y fundador de la Ford Motor Company, tenía una idea similar cuando dijo: "La mayoría de la gente gasta más tiempo y energía en dar vueltas a los problemas que en intentar resolverlos".

Albert Einstein dijo: "Ningún problema puede resolverse desde el mismo nivel de conciencia que lo creó". Sus palabras de iluminación animan a la gente a no perder el tiempo intentando resolver los problemas en el mismo nivel de conciencia.

En su lugar, hay que adoptar una perspectiva distinta para alcanzar un nivel de conciencia diferente para resolver el problema.

Una encuesta reciente realizada en más de 30 organizaciones revela que los empleados dedican una media de 3 horas a la semana a resolver problemas relacionados con el trabajo que podrían resolverse fácilmente si tuvieran acceso al apoyo adecuado.

La empresa de consultoría de gestión Trenegy Incorporated realizó el estudio en diversos sectores, como sanidad, energía, fabricación, distribución y servicios profesionales. Preguntaron: "En una semana normal, ¿cuánto tiempo dedicas a intentar resolver problemas relacionados con el trabajo o a buscar respuestas que podría resolver rápidamente otra persona de tu empresa si supieras con quién ponerte en contacto?". Entre los encuestados había desde empleados nuevos hasta directivos, pasando por todos los niveles intermedios.

Las cuestiones relacionadas con el trabajo estaban muy extendidas, e incluían problemas con la tecnología reciente o actualizaciones de software, preguntas sobre RR.HH. y prestaciones, cuestiones sobre la política de la empresa, asistencia sobre el terreno para problemas técnicos y problemas con las instalaciones.

Como ya se ha mencionado, los empleados dedican una media de *tres horas* a la semana a resolver problemas relacionados con el trabajo que podrían resolverse fácilmente de forma interna si supieran a quién preguntar.

Esto significa que una organización típica de 1.000 empleados desperdicia 6 millones de dólares al año en la resolución ineficiente de problemas. Esto es enorme.

El estudio también reveló una correlación significativa entre el número de años de empleo y la cantidad de tiempo dedicado a la resolución de problemas. Los empleados con menos de menos de cinco años dedicaban hasta 15 horas semanales a solucionar problemas, mientras que los empleados con más antigüedad dedicaban alrededor de una hora.

También descubrieron que cuanto mayor era la empresa, más generalizado era el problema. Las organizaciones con más empleados registraron el mayor porcentaje de tiempo dedicado a intentar encontrar al experto de soporte adecuado. Los empleados se dan por vencidos y simplemente esperan encontrar una solución satisfactoria por sí mismos.

Los medios tradicionales de resolución de problemas dan lugar a

1. horas perdidas intentando solucionar un problema por sí solos o
2. que el problema se pasee por la organización como una patata caliente. Kara McCracken, analista de Trenegy, explica: "La mayoría de las grandes organizaciones ofrecen demasiadas opciones para encontrar asistencia, como correos electrónicos, portales de autoservicio, centros de asistencia de TI, sistemas de tickets y números de teléfono. Para empeorar las cosas, estas soluciones están sobredimensionadas y rara vez ofrecen una respuesta rápida".

Lindsey Ligon, analista de Trenegy, añade: "A medida que aumenta el número de millennials que se incorporan a la plantilla, se hace más importante la necesidad de mejores herramientas de resolución de problemas".

Las soluciones tradicionales de gestión de servicios empresariales (ESM) no han logrado abordar realmente las horas desperdiciadas en la resolución de problemas. Estas soluciones ESM rara vez conectan a un empleado con la persona adecuada a la primera. El tiempo de respuesta suele medirse en días o semanas, y la IA automatizada y los portales de autoservicio no funcionan.

Piensa en problemas por los que has agonizado innecesariamente. ¿Puedes recordar el punto de inflexión en el que finalmente decidiste que necesitabas cambiar tu enfoque antes de actuar? Lo más probable es que sea embarazoso.

Por ejemplo, estaba en un país extranjero y necesitaba que me limpiaran la ropa. Lo primero que se me ocurrió fue pedírselo a alguien. Sin embargo, mi experiencia desde que aterricé hasta que entré en mi habitación fue desesperante en términos de comunicación. Naturalmente, me sentí impotente y terriblemente negativo.

Me senté en la cama y decidí probar con los limpiadores de Google, pero los resultados de la búsqueda estaban todos en un idioma extranjero, y la opción de mapas no funcionaba. Me quedé pensando cinco minutos, y entonces caí en la cuenta. Decidí hacer inventario de mi ropa limpia y de los días que podía durar hasta quedarme sin ropa limpia. Me di cuenta de que me quedaban dos días.

Ahora que era consciente de que no me faltaba tiempo, opté por centrarme en mi trabajo y en otras cosas. Tenía un compromiso que me mantenía ocupado y aún me quedaba tiempo. Pensé que ya me ocuparía de ello más adelante.

Llegó el día siguiente y el problema se me pasó por la cabeza. Decidí pasear por el barrio. Así encontraría al menos un lugar donde limpiar mi ropa.

Caminé seis kilómetros familiarizándome con el barrio, pero no había ninguna tintorería. Me dije a mí mismo, da igual, y decidí que me ocuparía de ello mañana y me dirigí de nuevo al hotel.

Llegó el segundo día y me di cuenta de que me quedaba lo último que tenía limpio. mi ropa limpia. Me quedaban unas horas para encontrar una solución, pero seguía con las manos vacías. Necesitaba cambiar mi billete de avión, y para ello necesitaba mi pasaporte. Fui a la caja fuerte para extraerlo, y he aquí que había un formulario de lavandería y una fina bolsa de plástico encima de la caja fuerte.

Recogí toda la ropa sucia, la metí en la bolsa y me dirigí al vestíbulo con la bolsa en una mano y el impreso de lavandería en la otra. Los señores de detrás del mostrador estaban presentes cuando firmé el número de mi habitación en el formulario. Le hice un gesto con el pulgar hacia arriba y me marché. Toda la solución me llevó cinco minutos después de pasar horas pensando y actuando.

A las nueve de la mañana llamaron a mi puerta. Abrí la puerta y ante mí había una mujer con una gran sonrisa y mi ropa en las manos.

Fue todo muy sencillo, satisfactorio y embarazoso. ¿Te sientes identificado?

¿Qué te parece decidir terminar una relación con alguien? Puede llevar días, semanas, meses o incluso años. Sin embargo, una vez que decides actuar, se acaba en segundos, minutos u horas.

¿Has reservado un viaje o un hotel últimamente?

¿Qué te parece invertir tu dinero? Pasamos días y semanas evaluando oportunidades de inversión. Una vez que nos decidimos, tardamos una fracción de tiempo en ejecutar una operación o uno o dos días en cerrar una transacción.

El sentido de estos comentarios es que la resolución eficaz de problemas requiere un planteamiento desde un nivel diferente de conciencia del que surgió, un procedimiento, una acción o, en otros casos, la inacción deliberada.

Si quieres resolver problemas, es imprescindible que tengas un proceso definible. Un proceso que pueda explicar a alguien sin tener que referirse a nada. Si no puedes explicar tu proceso sin tener que referirte a algo para refrescar la memoria, es que no tienes suficiente práctica.

La falta de práctica es mucho mayor que un detalle. Es indudable que habrá ocasiones en las que no dispondrá del lujo del tiempo. No entender tu proceso puede costarte una oportunidad o incluso la vida.

Tengo cuarenta años de experiencia en submarinismo. He recibido formación para buscar, rescatar y salvar a personas por encima y por debajo del agua. La razón por la que recibí la formación es que la causa número uno de muerte entre los buceadores es el error del buceador, un 60%. Los buceadores que no bucean a menudo olvidan su formación. Lo mismo ocurre con los que tienen más formación.

Tuve una experiencia de buceo que me impulsó a obtener una certificación de Búsqueda y Rescate. Asombrosamente, me encontraba en una situación en la que podría haberme ahogado.... y no por mi propia culpa.

Estaba buceando en cavernas subterráneas con otros tres buceadores. Tenía formación y experiencia más que suficientes. Me pusieron entre dos buceadores con más experiencia porque yo era el que tenía menos formación. El buceador que iba delante de mí quedó atrapado en el techo de arriba y no pudo desinflar su dispositivo compensador de flotabilidad (BCD). Si no estás familiarizado es un chaleco salvavidas para buceadores que se puede inflar y desinflar para mantener el equilibrio bajo el agua.

El buceador trató diligentemente de desinflar su chaleco intentando elevar la manguera por encima de su cabeza para descargar el aire. Sin embargo, no pudo porque estaba tumbado horizontalmente contra el techo. Siguió tratando de empujar el techo para crear espacio, pero no pudo crear suficiente espacio.

Los buceadores que tenía delante no eran conscientes de la situación, y el buceador que tenía detrás no podía pasarme porque estábamos en un pasillo estrecho. El buceador me buscaba desesperadamente, y las reglas del buceo estaban claras en mi cabeza.

Nunca bucees solo. Tu seguridad es lo primero. Nunca te acerques a un buceador en pánico a menos que tengas la formación adecuada. La razón es que los buceadores en pánico te agarrarán, te enredarán sin querer y los pondrán a los dos en una situación peligrosa que a menudo lleva a que ambos buceadores se queden sin aire y se ahoguen. Además, estábamos en una caverna y no en mar abierto, lo que lo hacía aún más peligroso.

Yo sabía cómo resolver su problema, pero no sabía cómo acercarme a él porque ahora estaba sumido en un pánico desesperado. Me quedé mirando con incredulidad. Pensé: "Este tipo se va a ahogar delante de mí y voy a tener que empujar su cadáver fuera de la caverna". Ese pensamiento me hizo estremecer y sentirme mal. Seguían pasando minutos preciosos.

Cuando ya quedaba poco tiempo, el buceador que estaba delante del otro, presa del pánico, se dio la vuelta. Vio al hombre enloquecido y consiguió darse la vuelta, nadar hacia atrás una distancia considerable y acercarse al buceador en pánico por detrás. Tiró de la válvula de alivio de emergencia del chaleco, haciendo que se desinflara.

Sí, fue tan sencillo como eso, tirar de una corta cuerda de seguridad que todos aprendemos en caso de emergencia. Tardó segundos en resolver un problema que el buceador no podía solucionar en minutos. Sin embargo, el buceador se encontró en una situación que nunca había experimentado y olvidó su formación o el proceso de vertido de aire. Casi le cuesta la vida.

Afortunadamente, todo salió bien; ¡no murió nadie! Sin embargo, la situación fue traumática para todos. Hablamos largo y tendido de la situación en el barco de vuelta a casa y continuamos en un restaurante cercano durante horas.

Todo el tiempo me sentí como un "buen samaritano" arrepentido que intencionadamente no actuó. Se me erizaba la piel porque el buceador presa del pánico sabía que estaba dispuesto a dejarle morir. No podía mirarle a él ni a mí mismo.

Al final hablamos de todos los detalles de la inmersión, una práctica habitual como un debriefing, y los otros buceadores me elogiaron por haber seguido mi entrenamiento. Dijeron que si no lo hubiera hecho, la situación podría haber sido mucho peor. Ese día me apunté a la Certificación de Búsqueda y Rescate.

Si subestimas la gravedad de un problema o una situación, puedes llevarte una sorpresa impactante. Le ocurre a todo el mundo. La cuestión es: ¿estás preparado? ¿Tienes un proceso que conoces lo suficientemente bien y en el que puedes confiar para obtener el mejor resultado?

En mi incidente de submarinismo, estaba preparado y seguí el proceso que aprendí. Del mismo modo, el buceador principal siguió el proceso que aprendió para rescatar a alguien e hizo exactamente eso sin que yo complicara el asunto.

Te recomiendo encarecidamente que consideres la cantidad desproporcionada de tiempo que pasas pensando en cómo resolver problemas y resolviéndolos. Plantéate seriamente adoptar de inmediato una estrategia de resolución de problemas. No tiene por qué ser exagerada, sino algo que te proporcione estructura y práctica. No quiero que pierdas ninguna oportunidad.

Considera la posibilidad de desarrollar un proceso de resolución de problemas. Si no tienes uno, creo que te gustará uno de los dos que siguen:

La próxima vez que te enfrentes a un reto, considera la posibilidad de ejecutar los siguientes pasos básicos:

1. No juzgues lo que estás haciendo
2. Mantente distante y objetivo
3. Identifica el problema
4. Convierte el problema en una pregunta
5. Describe el problema
6. Analiza el problema
7. Identifica la(s) Causa(s) Raíz
8. Desarrolla La Solución Más Fácil Y Plausible
9. Considera perspectivas alternativas
10. Desarrolla soluciones alternativas
11. Ejecuta
12. Implanta una solución
13. Mide los resultados
14. Ajusta la solución o implanta otra

Recuerda, si quieres obtener el mejor resultado, tendrás que memorizar los pasos antes de que se te presente un reto. No me canso de repetirlo. Sin embargo, depende de ti.

Sé que puede parecer intimidante, pero créeme, esto es mucho mejor que memorizar "Hace ochenta y siete años...", Pi o quién protagonizó "Lo que el viento se llevó". Además, no es tan difícil aprender un proceso si lo haces paso a paso y entiendes cómo cada paso está conectado con el siguiente. No te dejes intimidar solo por el pensamiento.

Alternativamente, considera el siguiente método para retos de mayor complejidad. Estos retos requieren una comprensión más profunda y más trabajo. Además, si te gusta dar siempre lo mejor de ti, puede que lo prefieras.

La razón por la que comparto más detalles es que quiero que estés preparado para cuando la oportunidad llame a tu puerta.

Lo que sigue está pensado más para un escenario de grupo, pero hay cosas que aprender, incluso si decides ponerlo en práctica tú mismo.

En primer lugar, hay que identificar el problema. Suele ser el elemento más sencillo porque es evidente. Sin embargo, hay situaciones en las que la situación es la contraria.

A continuación, elabora un enunciado del problema que detalle el problema o la posición. También puedes plantear el problema como una pregunta que hay que resolver. La gente suele preferir la segunda opción.

A continuación viene la parte complicada, identificar una solución. A veces es difícil encontrar una solución a un problema complejo. Involucrar a otros puede ser de gran ayuda para obtener diferentes puntos de vista y perspectivas. Esa ayuda puede conducir a una solución mucho más eficaz. Precaución, asegúrate de que dispones de hechos, si es necesario, que respalden las cosas antes de ejecutar la solución.

Y lo que es más importante, desarrolla soluciones alternativas antes de actuar sobre tu primera opción. Sí, es posible que tengas que modificar tu plan original sobre la marcha o incluso aplicar otro.

Es perfectamente normal y aceptable mantener la conciencia, la frialdad y la objetividad si quieres ganar tiempo.

Establece KPIs (indicadores clave de rendimiento) si es posible.

Controla lo que haces para obtener información valiosa. Recuerda: SI NO PUEDES MEDIRLO, NO PUEDES MEJORARLO. Con el feedback en la mano, a partir de tu elección inicial, puedes mantener el rumbo, ajustarlo o pivotar al plan B.

Además, no olvides mantener la objetividad. No te dejes llevar por tus emociones o prejuicios. Dejarse llevar por las emociones o los prejuicios puede hacerte descarrilar, sobre todo al analizar las reacciones y ajustar el plan. Hacerlo tiene una alta probabilidad de empeorar las cosas, ¡y digo rápido!

Lleva un registro escrito de todo, también imágenes si procede. Lo necesitarás para reflexionar sobre tus acciones. Tener la información a mano eliminará cualquier duda y te ahorrará un tiempo considerable intentando recordar lo que olvidaste.

Si trabajas en grupo, designa a un tercero para mayor objetividad y resuelve cualquier conflicto entre los miembros del grupo. Elabora también una hoja de ruta que desglose el plan de acción y proporciona puntos de referencia temporales para referencia de todos.

A continuación, considera seriamente los componentes del grupo. Cuantas más personas incluyas y más diversas sean, más perspectivas y soluciones viables conseguirás. Soy un gran defensor de la diversidad y la inclusión y me han entrevistado una docena de veces sobre este tema.

Hay ocasiones en las que las soluciones son temporales y se necesita una solución más sustancial. Para resolver un problema así, hay que llegar a la causa del asunto. Por ejemplo, es análogo a que un médico te dé pastillas antiácidas para acabar con la sensación de ardor en el estómago cuando lo que tienes es una infección bacteriana que necesita antibióticos. El antiácido puede tratar el síntoma, pero no resuelve el problema real.

En estos casos, lo mejor es hacer todas las preguntas que se nos ocurran. Recomiendo recurrir a las más obvias: quién, qué, dónde, cuándo y por qué. Son preguntas obligadas, sobre todo en un entorno de grupo.

Piénsalo. ¿Preferirías visitar a un médico que decide recetarte pastillas antiácidas o a un grupo de médicos que comparten sus conocimientos? En el grupo hay muchas más probabilidades de que reconozcan la infección y administren los antibióticos a la primera, en lugar de repetir las visitas al mismo médico.

Otra técnica consiste en dar al grupo un breve plazo para resolver el problema. Muy a menudo, la gente produce las mejores soluciones bajo presión. ¿Ha oído alguna vez la cita de Thomas Edison, "la necesidad es la madre de la invención"?

Sí, la gente trabaja mejor cuando el tiempo apremia. Es una oportunidad para concentrarse y utilizar todos sus recursos.

¿Qué tal atraer al grupo con un incentivo? ¿Conoce el dicho "gana el mejor" o el premio X? ¿Y SpaceX? ¿Cómo crees que se hicieron con el negocio exclusivo de la Nasa de lanzar satélites? Sencillo, el gobierno dijo: "oye Elon, si puedes hacerlo mejor y más barato, ¡el trabajo es tuyo!". No hay nada como obtener una recompensa y dopamina.

¿Qué tal una mesa redonda o lo que hoy llamamos, un think tank? Mete a todo el mundo en la misma habitación y que nadie salga hasta que el problema esté resuelto. Estar encerrado en una habitación es motivación suficiente para que cualquiera resuelva hasta el obstáculo más complejo.

Una de mis técnicas favoritas es el análisis SWOT. Lo aprendí de Magic Johnson hace años. La gente conoce a Magic como un grande de los Lakers y del baloncesto. Sin embargo, también es un brillante hombre de negocios. Tuve el honor y el placer de pasar tiempo con él y aprender sobre negocios. Yo nunca estudié empresariales. Estudié bioquímica y utilicé mis conocimientos matemáticos y analíticos en el ámbito empresarial.

El análisis SWOT es brillante por su sencillez. Coges una hoja de papel, si eres de la vieja escuela, o el ordenador, y creas cuatro columnas con los encabezamientos Fortalezas (S), Debilidades (W), Oportunidades (O) y Amenazas (T).

A continuación, recopila una lista de atributos de la empresa o el problema bajo cada encabezamiento. Una vez que crees que has agotado los atributos, te centras en lo que necesitas mejorar, resolver, capitalizar o proteger.

Es un ejercicio divertido. Cuanto más practiques, más experto serás. Te sientes como si estuvieras jugando a un juego, y cuando capitalices tus esfuerzos, te sentirás gratificado. Si adoptas esta técnica, prácticamente puedo garantizarte que acabarás por sorprenderte a ti mismo haciéndolo de forma natural. Se te presentará una oportunidad al problema y te encontrarás clasificando automáticamente tus pensamientos en estas cuatro columnas.

La resolución de problemas puede ser sencilla, complicada e incluso polifacética. Utilizar las mejores técnicas puede simplificar y agilizar el proceso. Por el camino, tendrás la oportunidad de desarrollar métodos que podrás utilizar en futuros retos.

Además, podrás minimizar el estrés, la ansiedad que conlleva la actuación y los sentimientos negativos asociados a las tareas. Considera las técnicas y estrategias con las que te sientas más cómodo y empieza hoy mismo. Desarrolla un proceso que te sea útil cuando te enfrentes a una oportunidad o un reto.

CAPÍTULO 6

No sigas la corriente

"No sigas la corriente. Sé la corriente".

—ELIF SHAFAK

¿No lo sabes? Estoy en la corriente. ¡Vaya, suena increíble! ¿verdad? Recuerdo la primera vez que oí a alguien proclamar que estaba en el flujo. Era una recién conocida y veía las cosas desde una perspectiva única. Cuando pronunció esas palabras mágicas, se me abrieron los ojos y sentí un cosquilleo. Empecé a imaginarme dentro de un cálido y acogedor capullo arrastrado por las fuerzas de la naturaleza. Sí, fue esclarecedor, y mi mente se inundó de preguntas.

"Claudia, ¿qué quieres decir exactamente con estar en flujo?". le pregunté. Ella respondió: "sabes que estoy manifestando, y todo lo que quiero viene a mí sin esfuerzo, ¡y me refiero a todo!".

Ella divagó sobre todas las cosas que vinieron a ella en la semana pasada, como un nuevo trabajo, novio, y así sucesivamente.

Jesús, ¡qué talento! pensé. *Está claro que he perdido el tren, ¡pero necesito esta habilidad en mi vida!*

"Entonces, ¿qué hace falta exactamente para manifestarse?", continué. "Todo lo que tienes que hacer es sentarte y visualizar lo que quieres. Y luego dar repetidamente los pasos necesarios para conseguirlo", me explicó. "Así de sencillo".

Pensé que debía de ser idiota. Todas las veces que he querido algo y he actuado para conseguirlo, me he quedado a un pelo de lograrlo. ¿Por qué lo dejé? Supongo que debo de ser impaciente, y la repetición no es lo mío. Sin embargo, estaba decidido a coger el siguiente barco. Así que me puse a practicar, y practiqué.

Pasaron un par de semanas y necesitaba ver a Claudia. Una vez más, fracasé. Mis esfuerzos no dieron resultado. Necesitaba algo o no vería ningún resultado. Los celos me dominaban. Necesitaba enterarme de todas las cosas nuevas que atraía a su vida desde nuestra última visita y cómo lo hacía. El suspenso me estaba matando.

Llamé a su puerta y me abrió con lágrimas en los ojos. "Dios mío, ¿qué pasa?" le pregunté. Claudia soltó que el trabajo de sus sueños se había ido al traste y que el Sr. Maravilloso había resultado ser el Sr. Imbécil y bla, bla, bla... ¡Ya no estaba en la corriente! Manifestar es un asunto más complicado, con más sutilezas de las que ninguno de los dos éramos conscientes.

En cualquier caso, pasarían años hasta que aprendiera más sobre la manifestación y el flujo. La experiencia de Claudia resultó ser bastante común. La gente a menudo experimenta resultados casuales de sus esfuerzos y lo atribuyen a una habilidad única, como estar en el flujo. La siguiente es una de mis anécdotas favoritas sobre estar en el flujo.

Un hombre se despierta la mañana de su 55 cumpleaños. Se da cuenta de que son las 5:55. Se toma 55 minutos para comer y vestirse, luego enciende la televisión y se encuentra con el canal 5. La fecha es el 5 de mayo. La fecha es el 5 de mayo. Sale de su apartamento del 5º piso, coge el autobús número 5 y recorre 8 km hasta el trabajo. Toma el ascensor número 5 hasta la 5ª planta de su oficina en el 555 de la calle 5 y se da cuenta de que hay cinco personas en el ascensor con él. Se baja y se dirige a la 5ª puerta a la izquierda de su oficina. Como es una persona inteligente, se da cuenta de todas las coincidencias en las que está implicado el número 5. Empieza a preguntarse cómo puede llevar a cabo su trabajo. Empieza a preguntarse cómo podría aprovecharse de ellos. Sobre su escritorio, encuentra un formulario de carrera que alguien ha dejado. Pasa a la 5ª página y ve que el 5º caballo de la 5ª carrera se llama "Tus 5 afortunados". Piensa que éste debe ser el mensaje. Una forma segura de ganar dinero, así que llama al corredor de apuestas local y apuesta 5.000 dólares en la carrera. Vuelve a llamar a las 5 de la tarde y pregunta cómo le fue a su caballo. El corredor le contesta: "¡Ha quedado quinto!".

¡No en flujo! Bromas aparte, ¿estar en la corriente es algo real o solo un sueño? La respuesta es sí.

Hay ejemplos de personas que experimentan estados de flujo. Personas de diferentes profesiones y contextos. Por ejemplo, hay deportistas que se entrenan o juegan, actores que ensayan o actúan, profesionales de los negocios que ejecutan su trabajo, como el comercio de valores, y otros.

Lo más interesante es que no todas las personas que afirman estar en estado de flujo lo están. Claudia es una de esas personas. ¿Por qué? Porque, sin saberlo, había confundido su ausencia mental y su concentración con una disminución de la conciencia. En otras palabras, para estar en Flow se requiere una cierta cantidad de consciencia para experimentar la sensación energética y el enfoque.

Claudia no informó de tal sensación. Describió la sensación energética al final de la actividad. Fue solo cuando emergió a la consciencia. En otras palabras, no experimentó la sensación durante el proceso, sino después. Era optimista y tenía esperanzas de que sus pensamientos se hicieran realidad. Lo llamo piloto automático porque actúas y realizas sin presencia mental.

Otra forma de entender lo que estoy describiendo es pensar en los experimentos de Pavlov con perros. Pavlov observó un hecho interesante. Sus perros empezaban a salivar cada vez que un socio entraba en la habitación.

Pavlov y sus colaboradores introducían diversos objetos comestibles y no comestibles y medían la producción de saliva de los objetos producidos. Observó que la salivación es un proceso reflejo. Se produce automáticamente en respuesta a un determinado estímulo y no está bajo control consciente.

Sin embargo, observó que los caninos solían empezar a salivar en ausencia de comida y olor. Rápidamente se dio cuenta de que esta respuesta salival era un proceso fisiológico, no automático. Ahora se conoce comúnmente como condicionamiento clásico o, como yo lo llamo, piloto automático.

El condicionamiento clásico es un tipo de aprendizaje inconsciente o automático. Este proceso de aprendizaje crea una respuesta condicionada a través de asociaciones entre un estímulo incondicionado y un estímulo neutro.

En otras palabras, el condicionamiento clásico consiste en anteponer un estímulo neutro a un reflejo que se produce de forma natural. En el experimento clásico de Pavlov con perros, la señal neutra era el sonido de un tono y el reflejo natural era la salivación en respuesta a la comida. Al asociar el estímulo neutro (sonido) con el estímulo incondicionado (comida), el sonido del tono por sí solo podía producir una respuesta de salivación.

Un *estímulo incondicionado* es un estímulo o desencadenante que provoca una respuesta automática. Si una brisa fría le hace temblar, por ejemplo, la brisa fría es un estímulo incondicionado; produce una respuesta involuntaria (el temblor).

Un *estímulo neutro* es un estímulo que inicialmente no desencadena una respuesta. Si oye un ventilador pero no siente la brisa, no provocará necesariamente una respuesta. Eso lo convertiría en un estímulo neutro.

Un *estímulo condicionado* es un estímulo que antes era neutro (no desencadenaba una respuesta) pero que ahora conduce a una respuesta. Si antes no prestabas atención a los perros pero luego eres mordido por uno, y ahora sientes miedo cada vez que ves un perro, el perro se ha convertido en un estímulo condicionado.

Una *respuesta incondicionada* es una respuesta automática o una respuesta que se produce sin pensar cuando está presente un estímulo incondicionado. Si hueles tu comida favorita y se te hace la boca agua, el agua es una respuesta incondicionada.

Una *respuesta condicionada* es una respuesta aprendida o una respuesta que se crea cuando antes no existía ninguna respuesta. Volviendo al ejemplo de ser mordido por un perro, el miedo que experimentas tras la mordedura es una respuesta condicionada.

El condicionamiento clásico implica la formación de una asociación entre dos estímulos que da lugar a una respuesta aprendida. Este proceso consta de tres fases.

La primera parte del proceso de condicionamiento clásico requiere un estímulo natural que provoque automáticamente una respuesta. Salivar en respuesta al olor de la comida es un ejemplo de estímulo natural.

Durante esta fase, el estímulo incondicionado (EIC) da lugar a una respuesta incondicionada (RIC). La presentación de comida (el UCS) desencadena de forma natural y automática una respuesta de salivación (el UCR).

En este punto, también hay un estímulo neutro que no produce ningún efecto todavía. Hasta que el estímulo neutro no se combina con el UCS, no evoca una respuesta.

Veamos más detenidamente los dos componentes críticos de esta fase del condicionamiento clásico:

- El estímulo incondicionado es aquel que desencadena una respuesta de forma incondicional, natural y automática. Por ejemplo, cuando hueles una de tus comidas favoritas, puedes sentir hambre inmediatamente. En este ejemplo, el olor de la comida es el estímulo incondicionado.

- La respuesta incondicionada es la respuesta no aprendida que se produce de forma natural en respuesta al estímulo incondicionado.[4] En nuestro ejemplo, la sensación de hambre en respuesta al olor de la comida es la respuesta incondicionada.

En la fase "antes del condicionamiento", emparejaron un estímulo incondicionado con una respuesta incondicionada. A continuación, introducen un estímulo neutro.

Durante la segunda fase del proceso de condicionamiento clásico, el estímulo previamente neutro se empareja repetidamente con el estímulo incondicionado. Como resultado de este emparejamiento, se forma una asociación entre el estímulo previamente neutro y el UCS.

En este punto, el estímulo que antes era neutro pasa a denominarse estímulo condicionado (EC). El sujeto ha sido condicionado para responder a este estímulo. El estímulo condicionado es un estímulo previamente neutro que, tras asociarse con el estímulo incondicionado, acaba desencadenando una respuesta condicionada.

En nuestro ejemplo anterior, supongamos que al oler su comida favorita, también oyó un silbido. Aunque el silbido no está relacionado con el olor de la comida, si el sonido del silbido se emparejara varias veces con el olor, el sonido del silbido acabaría desencadenando la respuesta condicionada. En este caso, el sonido del silbato es el estímulo condicionado.

La fase "durante el condicionamiento" consiste en emparejar repetidamente un estímulo neutro con un estímulo incondicionado.

Finalmente, el estímulo neutro se convierte en el estímulo condicionado.

Una vez que se ha establecido la asociación entre el UCS y el CS, la presentación del estímulo condicionado por sí solo evocará una respuesta, incluso sin el estímulo incondicionado. La respuesta resultante se conoce como respuesta condicionada (RC).

La respuesta condicionada es la respuesta aprendida al estímulo previamente neutro. En nuestro ejemplo, la respuesta condicionada sería sentir hambre al oír el silbato.

En la fase de "poscondicionamiento", el estímulo condicionado desencadena por sí solo la respuesta condicionada.

Los conductistas han descrito distintos fenómenos asociados al condicionamiento clásico. Algunos se refieren al establecimiento inicial de la respuesta, mientras que otros informan de la desaparición de una respuesta. A continuación se describen los cinco principios clave del condicionamiento clásico.

La adquisición es la fase inicial del aprendizaje, cuando se establece por primera vez una respuesta y se refuerza gradualmente. Durante la fase de adquisición del condicionamiento clásico, se empareja repetidamente un estímulo neutro con un estímulo incondicionado.

Como recordarás, un estímulo incondicionado es algo que desencadena una respuesta de forma natural y automática sin ningún tipo de aprendizaje. Después de hacer una asociación, el sujeto empezará a emitir un comportamiento en respuesta al estímulo previamente neutro, que ahora se conoce como estímulo condicionado. Es en este momento cuando podemos decir que la respuesta ha sido adquirida.

Una vez establecida la respuesta, se puede reforzar gradualmente para asegurarse de que el comportamiento está bien aprendido.[11]

Alternativamente, existe un flujo conocido como estado de flujo o estar en la zona. El estado de flujo es el estado óptimo de la conciencia humana.

El psicólogo Mihály Csíkszentmihályi denominó por primera vez "flujo" a este estado en 1975. La investigación sobre los estados de flujo comenzó a aumentar en las décadas de 1980 y 1990.

El término "flow" (fluidez) surgió de la encuesta realizada por Csikszentmihalyi a sujetos que describían cómo se sentían en sus momentos de máxima actividad. Todos describían experiencias similares de "fluidez", en las que cada acción fluía sin problemas, sin esfuerzo, de una cosa a la siguiente.

La investigación de Csikszentmihalyi, junto con otros científicos, descubrió diez características del estado de flujo.

Cuatro de ellas se encuentran entre los "desencadenantes del flujo", y se ha descubierto que preceden al flujo.

Los siguientes desencadenantes del flujo no son los únicos, pero se ha descubierto que ayudan a entrar en estado de flujo.

- Concentración intensa: no dividir la mente entre tareas, sino estar totalmente absorbido por una acción en el momento presente.
- Desafío/Equilibrio de habilidades: el desafío de la tarea supera ligeramente tus habilidades. Se le empuja fuera de su zona de confort. La proporción mágica es aproximadamente un 4% más difícil de lo que te resulta cómodo. Quieres estirarte, no romperte.
- Objetivos claros: no grandes objetivos vitales (como ganar una medalla de oro o ganar un millón de dólares). Metas pequeñas y alcanzables de inmediato. Saber dónde estás ahora y adónde quieres ir después.

- Retroalimentación inmediata: cerrar la brecha entre causa y efecto. En un momento, puedes corregir el rumbo en pleno vuelo.

Estas características te ayudan a entrar en el flujo. Consulta este artículo para conocer más factores desencadenantes del flujo.

Si quieres saber si una experiencia puede calificarse como estado de flujo, esta lista de características del flujo es un punto de partida maravilloso.

- La acción y la conciencia se fusionan: tú y lo que estás haciendo se convierten en una sola cosa. Tus acciones se sienten automáticas y requieren pocos o ningún recurso adicional.
- Desinterés: el sentido del yo desaparece. Al desaparecer la autoconciencia, se silencia la crítica interior.
- Atemporalidad: experimenta una percepción alterada del tiempo. El pasado y el futuro desaparecen al entrar en "un profundo ahora".
- Sin esfuerzo: desaparece la sensación de lucha y frustración.
- Motivación intrínseca-La experiencia es "autotélica".
- Esto significa que la actividad tiene un propósito en sí misma. La actividad o el trabajo se convierten en su propia recompensa.
- Paradoja del control: tienes una poderosa sensación de control sobre la situación. En el flujo, tú eres el experto en tu propio destino.

Estas características sientan tan bien que el flujo se vuelve adictivo.

Por eso debes prestar atención al ciclo de flujo que se muestra a continuación. Es importante darse cuenta de que no estamos hechos para fluir todo el tiempo.

Si persigues demasiado el flujo y te conviertes en un "adicto a la dicha", experimentarás el lado oscuro del flujo.

Los dos tipos de flujo son el individual y el grupal.

Para crear más flow en tu vida, haz este test para descubrir qué está bloqueando tu flow.

La experiencia colectiva y compartida de un grupo que rinde al máximo se llama "flujo grupal".

Si buscas algunos consejos para crear más flujo en grupo, empieza por el siguiente artículo sobre la creatividad en el lugar de trabajo.

También tienes que entender que el flujo tiene grados de experiencia. Cuando estás enfadado, puedes sentirte desde ligeramente molesto hasta enfurecido.

También puedes experimentar varios niveles de flujo en tu vida. Aquí tienes los dos extremos del espectro del flujo:

- Microflujo. Dejarse absorber por una gran conversación de intercambio de ideas con alguien.
- Macroflujo. Aparecen todas las características anteriores y, de repente, eres uno con el universo.

Aunque no existe una definición neurobiológica del flujo, las investigaciones de Herb Benson en Harvard permitieron comprender las cuatro etapas del flujo.

1. Es la fase de carga, en la que se sobrecarga el cerebro con información. Por ejemplo, un lanzador de béisbol aprendiendo un nuevo lanzamiento o un escritor investigando y diagramando una estructura para un nuevo libro. Es importante recordar que el flujo comienza con este estado desagradable.

2. Libérate: aparta tu mente del problema. Para entrar en el estado de flujo, estás cambiando el procesamiento consciente

por el subconsciente. Pensamiento lento con RAM limitada por RAM eficiente sin fin. Para ello, debes dejar de pensar. Sal a dar un largo paseo, haz jardinería, date una ducha caliente o fría y contempla las nubes.

3. Las hormonas del estrés abandonan tu sistema. Son sustituidas por neuroquímicos que te hacen sentir bien. El flujo exige una atención focalizada en el presente. El cerebro intercambia la energía que normalmente utiliza para otros fines y la reasigna para fluir.

4. Recuperación: al final del estado de flujo hay una fase crítica de recuperación. Después del asombroso subidón del flujo, vas a sufrir un colapso. Necesitas ciertas vitaminas, minerales y luz solar para recuperarte. Steven Kotler dice: "Si realmente quieres hackear el flujo, vas a tener que aprender a luchar mejor y a recuperarte mejor".

Hay que desarrollar agallas para tomarse en serio todas las fases del ciclo de flujo.

Si te estresas por la lucha o la fase de recuperación, vas a producir demasiado cortisol. Esto bloqueará el aprendizaje profundo que debe producirse durante el flujo. Puede que aún obtengas un beneficio a corto plazo, pero los beneficios a largo plazo de un estilo de vida de alto flujo se perderán.

Además, puede que pienses que relajarte frente al televisor cuenta como recuperación. Pero no es así. Las pantallas producen ondas en el cerebro que bloquean el flujo.[12]

Los estados de flujo tienen un valor incalculable y pueden ayudarte enormemente. Sin embargo, es imperativo que lo enfoques científicamente y supervises lo que estás haciendo. Debes estar seguro de que estás experimentando realmente el flujo y no otra cosa, como mi amiga Claudia.

CAPÍTULO 7

Todo el mundo tiene el mismo gran reto.

"Los retos son lo que hace que la vida sea interesante, y superarlos es lo que hace que la vida tenga sentido".

—JOSHUA J. MARINE

En mi libro anterior, hablé de uno de los retos más difíciles a los que me enfrenté en mi carrera. Tenía problemas económicos y necesitaba ayuda rápidamente. Era antes, cuando internet y el acceso a la información eran escasos. No tenía a quién recurrir salvo al lugar que más despreciaba, la librería.

Me ponía absolutamente enfermo pensar en leer, pero no me quedaban opciones. Necesitaba información desesperadamente y la necesitaba para ayer. Así que cedí y me dirigí al Barnes & Noble más cercano. Empecé a recorrer los pasillos, con la esperanza y la confianza de encontrar un libro que pudiera responder a mis plegarias.

Allí encontré libros que me intimidaron y pusieron a prueba mi mayor debilidad, la lectura. Por mucho que dudara de mi capacidad para leer libros tan extensos, también temía fracasar. Ambos me acosaban por igual, pero sabía con certeza que uno u otro iban a prevalecer.

En mi caso, encontré lo que necesitaba. Fue más fácil encontrar los libros de lo que había previsto. Sin embargo, leer los libros no fue tan fácil, aunque sí más de lo que había previsto. No solo encontré lo que necesitaba, sino que aprendí mucho sobre mi miedo a la lectura y otras cosas por el camino.

¿Cuál es tu mayor reto? ¿Tu carrera? ¿Una relación? ¿El dinero? ¿La atención? ¿La credibilidad? ¿Amor? ¿Te falta alguna habilidad? ¿Estás seguro? Adivina de nuevo. ¿Ha cambiado tu respuesta? Adivina de nuevo. ¿Sigues equivocado? ¿Quieres volver a intentarlo?

Mientras sigo viajando de país en país, me gusta hacer esta pregunta a la gente. Dime... ¿cuál es tu mayor reto?

Porque, sin variar, una de cada cincuenta personas responderá inmediatamente con la respuesta correcta. No importa si estoy en Londres, Miami, Hong Kong, Moscú, Tulum, Río de Janeiro o Medellín, hombres o mujeres, jóvenes o mayores, los resultados son los mismos.

Entonces, ¿de qué se trata? Bueno, estoy seguro de que si no lo has averiguado, lo harás antes de terminar este capítulo. La razón por la que estoy tan seguro es que si has leído hasta aquí, tienes sed de conocimiento. Sed de verdad. Y lo que es más importante, te gustan los retos, pensar, expandir tu mente y el crecimiento personal. Eres el tipo de persona que puede y quiere conseguirlo por sí mismo.

Encontrarás artículos por todo Internet que sugieren todo tipo de culpables, desde una edad temprana, no actuar a tiempo, las relaciones, lo que piensen los demás, la gente tóxica, el miedo, la negatividad, el pasado, el futuro, el entorno, etcétera. Sin embargo, todo se reduce a una cosa. ¡Y a una sola cosa!

¡BESARSE! Sí, uno de mis refranes favoritos porque, atemporalmente, demuestra ser cierto. *¡Keep It Simple Stupid!* (Simplicidad y estupidez) Nos gusta pensar que somos especiales, únicos, y a veces es cierto. Sin embargo, en este asunto, todos somos iguales. Así que no le des más vueltas, acéptalo.

Porque una vez que lo hagas, tendrás el conocimiento más importante e impresionante que necesitarás para triunfar. Sí, ¡me has oído bien! Responde correctamente a la pregunta y tendrás el conocimiento más importante y poderoso que necesitarás para triunfar. ¿Sientes la presión?

¿Cómo sé que estoy en lo cierto al afirmar algo tan atrevido? Por dos razones. En primer lugar, la gente está de acuerdo en que la afirmación es correcta una vez que reflexiona sobre ella. Y segundo, ¡sé que tú también lo harás!

Tengo curiosidad por saber cuándo empiezas a pensar en la respuesta a mi pregunta. ¿Estás pensando en ti mismo? Te he preguntado cuál es tu mayor reto. Entonces, ¿por qué te hago ahora esta pregunta en lugar de cuál es el mayor reto que tiene todo el mundo? Porque exijo que me des la respuesta, y tenemos que empezar por algo sencillo. Y resulta que es contigo.

Ahora voy a compartir contigo una historia real. Una historia que mencionaré brevemente al final del capítulo para demostrarte que, incluso en las situaciones más extremas, mi afirmación sigue siendo válida.

TE LO ADVIERTO DE ANTEMANO.

¡¡¡LA SIGUIENTE HISTORIA PUEDE ATERRORIZARTE!!!

PUEDE QUE LA ENCUENTRES PERTURBADORA E INCLUSO INQUIETANTE.

ES ALGO QUE NADIE DESEARÍA EXPERIMENTAR. ASÍ QUE, SI ERES UNA PERSONA OBSESIVO-COMPULSIVA O QUE SE ASUSTA FÁCILMENTE, ES POSIBLE QUE DESEES SALTAR A LA PÁGINA 112 PASADO EL TÍTULO EN NEGRITA TITULADO "FIN DE LA HISTORIA." ADEMÁS, EL NOMBRE DE LAS PERSONAS, LOS LUGARES Y LOS NOMBRES DE LOS LUGARES DE INTERÉS SE HAN CAMBIADO PARA PROTEGER LA IDENTIDAD DE LAS PERSONAS IMPLICADAS.

Para contextualizar, me situaré brevemente. Me encontraba en un país extranjero donde la gente hablaba poco o nada de inglés. Estaba allí en viaje de negocios y un amigo que es una figura pública internacional vino a visitarme. Se alojaba en un hotel que estaba a un puñado de kilómetros de donde yo me encontraba.

Nos comunicamos por WhatsApp y acordamos quedar para cenar y escuchar música en directo después. Desgraciadamente, no pudimos quedar para cenar, sino que nos reunimos en un local de música. Ambos estábamos ansiosos por escuchar música local en directo.

Llegamos al local con diez o quince minutos de diferencia y conseguimos una mesa cerca del escenario. Nos tomamos una cerveza cada uno y disfrutamos del público y de la música durante una hora. Entonces decidimos irnos con la esperanza de encontrar algo más emocionante.

Pidió un Uber y nos dirigimos a la ciudad junto a su hotel. Decidimos dar un paseo y ver más de la ciudad. Era una noche tranquila, así que a las 23:00 acordamos dar por terminada la noche. Esperó conmigo en la esquina hasta que llegó mi Uber. Subí al coche y le vi dirigirse a su hotel. Estaba a solo tres manzanas.

A las once de la mañana del día siguiente, sonó mi móvil.

"Hola, ¿hablo con Keith?"

Reconocí la voz de mi amigo y me reí: "¿Qué pasa?".

Me preguntó: "¿Dónde estás?".

"Estoy en mi casa, ¿y tú?"

Dijo, "¿estás cerca?"

Me reí y le dije: "bueno, todo depende de dónde estés".

Me contestó: "No estoy seguro. Alguien me drogó. ¿Puedes venir ahora?"

Le dije: "claro, pero ¿puedes mirar a tu alrededor para ver si hay algo que indique que estás en tu hotel o en otro sitio?".

Respondió: "Estoy en el Excelsior".

"No te muevas. Estaré allí en 10 minutos". Mi corazón se aceleró mientras pedía un Uber, me ponía los zapatos, metía la cartera en el bolsillo y corría para encontrarme con él.

Instantes después de entrar en el Uber, sonó mi teléfono. Era mi amigo. "Hola, ¿hablo con Keith?", me dijo.

"Sí, estoy de camino. Estaré allí en un par de minutos". "Vale, estoy en mi habitación", contestó.

En pocos minutos llegué al hotel. Irrumpí en el vestíbulo para llegar a la recepción. Le dije al señor que estaba detrás del mostrador que tenía una emergencia y que necesitaba que me acompañara a la habitación de mi amigo inmediatamente, cosa que hizo.

Cuando fuimos a su habitación, la puerta estaba abierta de par en par y él estaba en calzoncillos, aturdido y confuso.

Me miró y me dijo: "¿Quién eres?". Miré al caballero que me acompañaba, pero no hablaba inglés y no tenía ni idea de lo que estaba pasando. Estaba tan confundido como ellos dos.

Me volví hacia mi amigo y le dije: "Everett, soy yo, Keith".

"¿Te conozco?", tartamudeó.

Nunca había presenciado algo así. No tenía experiencia ni nadie que me ayudara. Solo podía pensar en mantener la calma por el bien de todos.

"Everett, sentémonos un momento. ¿Te importa si miro alrededor para ver si alguien ha estado aquí en tu habitación?"

"No, adelante".

Rápidamente miré a mi alrededor en busca de algo que indicara que alguien había estado en su habitación, pero no había nada de eso.

Pude ver su portátil a plena vista sobre el escritorio. Comprobé la caja fuerte que había junto al ordenador y estaba cerrada.

Me preguntó: "Entonces, ¿de qué te conozco?".

Me resultaba imposible pensar con claridad. Yo también tenía muchas preguntas, pero sabía que él no sería capaz de responder a ninguna. Me senté con él y le expliqué quién era y que estaba de visita durante tres días.

Entonces me hizo las siguientes preguntas:

1. Me llamo Everett Evanston, ¿verdad?
2. ¿Dónde me encuentro?
3. Eres Keith y mi amigo, ¿correcto?
4. ¿Dónde vivo?
5. ¿Por qué estás aquí?
6. ¿Dónde están mi cartera y mi móvil?

Respondí a cada pregunta de la siguiente manera:

1. Sí, te llamas Everett.
2. Estás en Oslo de visita durante tres días.
3. Sí, soy Keith, y somos amigos de Los Ángeles desde hace mucho tiempo.
4. Actualmente vives en Londres.
5. Estoy aquí porque me llamaste para que viniera y pudiéramos pasar el rato mientras estás en la ciudad.
6. Tu cartera está guardada en la caja fuerte. Pero no te preocupes. No irá a ninguna parte porque no recuerdas la combinación. Y tienes el móvil en la mano.

Con cada pregunta que respondía, Everett contestaba: "gracias, Keith, por ser tan buen amigo. Te lo agradezco de verdad".

Todo lo que podía pensar era: "¿qué demonios debo hacer ahora?". En cuanto se me pasó por la cabeza, volvió a hacerme las mismas seis preguntas en el mismo orden. Me di cuenta de que estaba decidido a obtener respuestas.

Respondí a las preguntas y luego intervine: "¿Puedes recordar a la última persona que viste?". No podía. No podía recordar a quién vio por última vez, ni a los miembros de su familia, ni siquiera la respuesta a la última pregunta que le había hecho. Era como si su memoria se hubiera borrado por completo. Todo era sacado de una película, pero nada que yo hubiera visto en la vida real.

Decidí intentar hacer una evaluación rápida de toda la situación. Le pedí que se examinara en el baño para ver si tenía alguna herida o incluso algún indicio de haber mantenido relaciones sexuales.

Mientras iba al baño, se me ocurrió que lo mejor sería ver si tenía algún impedimento físico que pudiera poner en peligro su vida. Resulta que tengo el título de Buceador de Búsqueda y Rescate, que requiere una formación considerable en primeros auxilios de emergencia.

Confiaba en que si podía conocer mejor sus constantes vitales, podría tomar una decisión razonable sobre si debía llevarle al hospital. No era mi primera opción. Sabía que llevarlo a un hospital en un país extranjero donde no entendería lo que estaba pasando podría agravar su trauma. Fue la primera decisión difícil que tomé.

En cuestión de minutos, salió del baño y me preguntó qué hacía allí. Le dije que me había pedido que pasara a verle. No quería alarmarle. Le miré a los ojos y, de forma sutil, le hice demostrarme que estaba bien. Entonces volvió a las seis preguntas.

Le dije: "¿qué te parece si respondo a tus preguntas de camino al restaurante de abajo para que pueda comer algo?". Dijo que claro, y nos dirigimos a la puerta. "¡No tan rápido, Everett! Deberías vestirte primero".

"Sí, vale, ¿dónde están?", mientras daba vueltas por la habitación.

Conseguí que bajara al restaurante mientras continuaba con las seis preguntas en el mismo orden. Era evidente que no se rendía. Llegamos a una mesa y le dije: "Everett, necesito hablar contigo un momento".

» No estoy seguro de lo que te pasa. Supongo que es posible que alguien te haya drogado. Sin embargo, pareces estar bien, y no tiene sentido. Por ejemplo, ¿por qué alguien te drogaría? En segundo lugar, si su intención era aprovecharse de ti, no parece ser el caso. No falta nada y nadie te ha agredido.

Creo que con el tiempo entenderemos mejor lo que ocurrió. En lugar de suponer que tienes una dolencia fisiológica que afecta a tu cerebro, vamos con la suposición de que es una droga y menos grave. Las drogas tardan en desaparecer, así que le recomiendo que consuma la mayor cantidad de líquidos posible para diluir los efectos. ¿Puede hacer eso por mí?".

Respondió: "Bueno, en realidad no tengo sed", y volvió a lanzar las seis preguntas. No había forma de detenerlo ni de desviarlo. Estaba atrapado en un bucle y necesitaba sus respuestas. Lo más loco es que nada de lo que le daba quedaba grabado en su memoria. Se estaba frustrando por no saber qué estaba pasando, y yo respondí a sus seis preguntas repetidamente.

No quería añadir más estrés por miedo a que las cosas empeoraran. Así que hice todo lo posible por mantener la calma y seguí respondiendo a las preguntas. Pasó una hora y nada cambió. A pesar de mis inteligentes intentos de engatusarle, no había tocado el agua ni el zumo que tenía delante.

Se me ocurrió una idea. "Oye, Everett, necesito Gatorade porque me siento deshidratado. Hay una tienda a tres manzanas. ¿Qué tal si damos un pequeño paseo?"

"¡Vale, claro!" Contestó. "Me llamo Everett Evanston, ¿verdad?"

"¡Sí, así es!"

"¿Dónde estoy?"

"¿Otra vez? ¿Con las preguntas? Esto es una locura", pensé.

Nos pusimos en marcha, y yo respondí repetidamente a sus seis preguntas por el camino. Finalmente, llegamos a la tienda. Le convencí para que se tomara un Gatorade conmigo mientras me aprovisionaba de todo lo que podía llevar. Eran las 12:30 pm, y yo estaba totalmente agotado.

"Everett, ¡tengo otra idea! Vamos a tu casa a recoger tus cosas y te quedas en la mía mientras lo arreglamos todo. ¿Te parece bien?"

"¡Claro!" Contestó. "Me llamo Everett Evanston, ¿verdad?"

Las seis preguntas continuaron mientras volvíamos a su hotel, recogíamos sus cosas y nos dirigíamos a mi casa. Dejamos sus pertenencias en mi casa, y le convencí para que fuera a comprar comida, así tendríamos comida y bebida para que para no tener que movernos demasiado. Mientras tanto, siguió con las seis preguntas.

Eran las 2:20 p.m. y aún no había ninguna mejora. Everett no tenía idea de lo que estaba pasando. Sin embargo, una parte de mí estaba aterrorizada de que pudiera tener un trastorno cerebral grave. Las consecuencias serían devastadoras y horribles. Era demasiado para pensarlo.

Deseché el pensamiento y me centré en el menor de los males, ser drogado. Con eso en mente, tenía fe en que los efectos acabarían desapareciendo y recuperaría la memoria. Sin embargo, había que admitir que eran meras especulaciones y sueños. Nos sentamos en mi sala de estar y continué respondiendo a las seis preguntas repetidamente. Era agotador. En un momento dado, empecé a reírme porque no podía imaginar que todo aquello fuera real. Me senté sacudiendo la cabeza, pensando: ¿por qué yo? ¿Por qué él? ¿Por qué nosotros? ¿Cuánto más? El tiempo pasaba como si los minutos fueran días.

Eran las once de la noche y, a Dios pongo por testigo, había respondido a sus seis preguntas más de trescientas veces. A más de 1800 preguntas, Everett respondió a cada una de ellas con un "gracias, Keith, por ser tan buen amigo. Te lo agradezco de verdad".

Ya no podía seguir contando ni mantener los ojos abiertos. Necesitaba dormir, pero no podía dejarle por miedo a que ocurriera algo horrible. ¿Y si se asusta y salta por el balcón? Son veinticinco pisos, y yo no podría vivir con eso. ¿Y si se escabulle por la puerta y en la noche y se pierde? No tendría la resistencia para la búsqueda y rescate.

¡Necesito resistir esto! Le dije, "Everett, necesito acostarme en mi cama. ¡No vayas a ninguna parte! Voy a dejar la puerta de mi habitación abierta. Si necesitas algo, llámame".

"¡Claro!" Contestó. "Mi nombre es Everett Evanston, ¿verdad?" Con las otras preguntas a cuestas.

Me dirigí a una parada en el baño. Cuando salí del baño, él estaba en la puerta, de nuevo con las preguntas. Le contesté y luego le acompañé al dormitorio de invitados y le pedí que se tumbara y descansara, y así lo hizo.

Volví a mi dormitorio y, antes de que mi cabeza tocara la almohada, él estaba en la puerta haciendo preguntas. Le contesté y le pedí que se acostara. Aceptó, se dio la vuelta y se fue a su habitación. Sin embargo, cerró la puerta de mi habitación.

¿Pero qué coño...? Debe de ser una broma. Hago todo lo que puedo para no decir palabrotas, pero francamente perdí la compostura mental. La falta de sueño me pasó factura. Físicamente no podía levantarme.

¿Qué podía hacer? Ya habían pasado más de 12 horas sin ninguna mejora. Y ni una sola de mis preguntas tenía respuesta: "¿Podría seguir en peligro? ¿Supone una amenaza para sí mismo?" Pensé. "¡No puedo levantarme! No puedo levantarme!" ¡Estaba acabado! Con la mente en blanco, llamaron a la puerta. Everett abrió la puerta de golpe y dijo:

"Hola Keith, ¿puedo hablar contigo?". Salté de la cama. Casi se me salen los ojos de la cara. Era la primera vez que hacía algo más que las seis preguntas.

"¡Entra, entra, y deja la puerta abierta!" Everett continuó diciendo: "Así que soy Everett Evanston, estoy en Oslo, y tú eres mi amigo Keith. Vivo en Londres, pero estoy de visita contigo en Oslo, y creemos que pude haber sido drogado".

¡Increíble! ¡Ahora es la 1:30 am, y finalmente hizo algo diferente! ¡Más de catorce horas después! ¡No puedo creerlo!

Everett pasó el día luchando por recordar todo lo que podía. Tardó más de catorce horas en tener un cambio. Durante todo el día, le animé a no pensar. Le expliqué repetidamente que si estás bajo los efectos de una droga, lo más probable es que nada cambie hasta que se pase el efecto de la droga. Por lo tanto, intenta no estresarte tratando de recordar nada.

Sin embargo, los hábitos son difíciles de romper. El condicionamiento humano puede ser tan fuerte que ni siquiera somos conscientes de lo que hacemos. Everett perdió su capacidad de recordar nada. Y, a pesar de lo desesperadamente que intentaba recordar, simplemente no podía. Su condicionamiento tomó el control y dominó su ausencia mental.

Durante la siguiente hora, Everett volvió repetidamente a mi habitación para las seis preguntas. En su duodécima entrada, exclamó,

"Siento que ya he hecho esto antes. ¿He venido antes a tu habitación para hacerte una pregunta?"

"¡Sí, lo has hecho! Doce veces para ser exactos".

"¿Han sido tantas veces?", preguntó.

"¡Sí! ¿Qué tal si intentas dormir?".

Aceptó y me levanté de la cama. Le acompañé a su habitación y esperé a que se metiera en la cama. Apagué las luces y, al salir, oí suavemente: "Gracias, Keith, por ser tan buen amigo. Te lo agradezco de verdad".

"¡Ya lo creo!"

Volví a mi habitación, me metí en la cama, apagué las luces y me quedé a oscuras hasta las tres y media de la madrugada. Entonces oí que llamaban a la puerta. Abrí los ojos de golpe. Era Everett en la puerta, y estaba tan claro como el día. De hecho, ¡lo era! Ahora eran las 9:30 am, y Everett parecía y hablaba como si tuviera una resaca épica.

"Keith, ¿qué estoy haciendo aquí? ¿Dónde estamos exactamente? ¿Puedes decirme qué está pasando? Me siento con resaca y confuso".

Everett estaba recuperando la conciencia. "¿Qué tal si nos vestimos y hablamos durante el desayuno?".

"Claro" respondió Everett.

Everett insistió en que pasáramos todo el día probando y ejercitando su memoria. Yo no estaba de acuerdo con su elección, pero dadas las circunstancias me pareció mejor apoyar las decisiones de Everett. Fue lento, tedioso y agotador intentar... reconstruir las 48 horas anteriores con la esperanza de encontrar respuestas críticas.

Necesitaríamos un tercer día para aclarar todos los movimientos de Everett. Pudimos hacerlo accediendo a las aplicaciones de su celular. Entre su teléfono y el mío, reconstruimos cada movimiento que hizo excepto por dos horas. Las dos horas fueron justo antes de recibir su llamada inicial.

Nuestra teoría de que alguien lo drogó en el local de música falló. También falló la teoría de que alguien lo drogó al volver al hotel esa misma noche. Sin embargo, pudimos deducir que alguien lo había drogado la mañana en que me llamó. Entonces pudo volver a su habitación de hotel y desmayarse durante dos horas.

También descubrimos con gran certeza quién cometió el crimen, pero no pudimos confirmar la sustancia utilizada. Me complace informar que después de que Everett prolongara su estancia, se encontraba lo suficientemente bien como para viajar y regresar a casa. Poco después se recuperó por completo, salvo el recuerdo de aquel espantoso periodo de 24 horas, del que aún hoy carece.

"FIN DE LA HISTORIA"

Si fuiste lo suficientemente valiente como para leer la historia de Everett, ahora te preguntaré lo siguiente: ¿Cuál es el mayor reto de todos?

En caso de que no hayas leído la historia o no estés seguro de que tu respuesta sea correcta, trataremos brevemente otros ejemplos. Es fundamental que respondas correctamente a la pregunta si quiere tener éxito lo antes posible. De hecho, hay personas que fracasan totalmente porque nunca aciertan la respuesta a esta pregunta.

Puede que no siempre nos demos cuenta, pero las limitaciones de la vida a veces pueden inspirarnos para luchar por alcanzar cotas que de otro modo no habríamos alcanzado. Las personas con más éxito del mundo han superado enormes obstáculos para alcanzar sus metas.

Por ejemplo, a Steven Hawking le diagnosticaron ELA a una edad temprana. Hawking fue el tercero por la cola de su clase en el instituto y solo dedicó el tiempo mínimo a sus estudios en la universidad antes de caer enfermo.

Sintió que aún le quedaba tiempo y se interesó de nuevo por sus estudios e investigaciones. "Estaba aburrido de la vida antes de mi enfermedad", dice. "No parecía haber nada que mereciera la pena hacer". Su enfermedad le impulsó a lograr incluso más de lo que podría haber alcanzado sin su enfermedad. Hawking ha dicho que "aunque había una nube que se cernía sobre mi futuro, descubrí, para mi sorpresa, que estaba disfrutando de la vida en el presente más que antes".

Una vez diagnosticada la ELA, Hawking empezó a estudiar los agujeros negros y los orígenes del universo. A medida que su salud declinaba, empezó a utilizar una silla de ruedas, y su vida y su investigación florecieron.

Sus investigaciones atrajeron la atención pública en 1974, al demostrar que los agujeros negros no son devoradores de información como se pensaba. En su lugar, emiten flujos de partículas. Su descubrimiento de la "radiación de Hawking" proporcionó información esencial sobre la relación entre la gravedad y las formas de energía.

Su descubrimiento y sus publicaciones le convirtieron en una sensación mundial, y fue nombrado miembro de la Royal Society. También recibió el Premio Albert Einstein y la Medalla de Oro Pío XI de la Ciencia de manos del Papa Pablo VI. Sus teorías posteriores siguen contribuyendo a la comprensión del universo.

A menudo me preguntan: "¿Cómo se siente al tener ELA?" La respuesta no es trascendental", afirma Hawking. "Intento llevar una vida lo más normal posible y no pensar en mi enfermedad ni lamentar las cosas que me impide hacer, que no son muchas".

Hawking superó las probabilidades de vivir solo diez años más. "He tenido suerte de que mi enfermedad haya progresado más lentamente de lo que suele ser habitual", afirma Hawking. "Pero esto demuestra que no hay que perder la esperanza".

Hawking es una inspiración para muchos, especialmente para quienes se enfrentan a una enfermedad crónica o grave. Su pensamiento positivo y su concentración en lo que se puede hacer, en la gestión del tiempo y en ignorar los obstáculos pueden enseñarse en todos los ámbitos de la vida.

La siguiente es Oprah Winfrey. La madre de Oprah era una madre adolescente soltera que vivía de la asistencia social. Oprah pasó de madre, abuela y padre mientras vivía en la pobreza.

Sufría malos tratos y palizas con regularidad, y repetía historias de haber sido azotada hasta sangrar. Sufría soledad a menudo. A los nueve años fue violada por su primo, de 19, y siguió sufriendo abusos sexuales de otros familiares hasta los 13, cuando decidió huir de casa. A los 14 se quedó embarazada y, poco después de nacer, el bebé murió.

Sin embargo, su abuela le enseñó a leer a una edad temprana, y su padre hizo de la educación una prioridad. "Mi padre dio un giro a mi vida insistiendo en que fuera más de lo que era. Su amor por el aprendizaje me mostró el camino".

Estudió en el instituto Nashville East High School, donde estudió oratoria y arte dramático. Fue elegida presidenta de la escuela y recibió una beca completa para la Universidad Estatal de Tennessee. Tuvo algunos trabajos como locutora y fue nombrada presentadora del programa *People Are Talking*. A partir de ahí, consiguió un trabajo como presentadora de *A.M. Chicago*. El programa se convirtió en el de mayor audiencia de Chicago y pasó a llamarse *The Oprah Winfrey Show*.

"Estoy muy agradecida por mis años viviendo literalmente en la pobreza", dijo en una entrevista, "porque hace que la experiencia de crear éxito y construir el éxito sea mucho más gratificante." Oprah creó la revista mensual *O, The Oprah Magazine*. También produjo películas, programas de televisión y un musical de Broadway. Fue nominada a mejor actriz de reparto por su papel en *El color púrpura*. En 2011 lanzó su cadena de televisión por cable, OWN. Se la ha llamado "la mujer más poderosa del mundo" y ha aparecido en la lista de las *"100 más influyentes"* del Time diez veces desde 2004. Desde 2004 hasta 2010, donó cerca de 400 millones de dólares a causas educativas.

Los estudios demuestran que la positividad puede producir resultados beneficiosos como menos estrés, mejores habilidades de afrontamiento y un aumento de la salud. Oprah sigue apoyando el pensamiento positivo y ha dedicado muchos de sus programas a este tema.

"El mayor descubrimiento de todos los tiempos", ha dicho, "es que una persona puede cambiar su futuro con solo cambiar su actitud". La situación de una persona tiene mucho que ver con su bienestar, su estado de ánimo y su actitud.

La búsqueda de la autorrealización y el valor de Oprah para compartir su experiencia vital es la razón por la que millones de personas la quieren y la respetan. Explica cómo ha conseguido tanto en tan poco tiempo. También es responsable de su éxito salvaje.

Cuando se dio cuenta de "El mayor descubrimiento de todos los tiempos", también descubrió que "¡Todo el mundo tiene el mismo gran reto!".

Si aún no te has dado cuenta, ¡somos NOSOTROS MISMOS!

Sí, "¡Todo el mundo tiene el mismo gran reto!" ¡Somos NOSOTROS MISMOS!

Cuando Steven Hawkins aceptó su diagnóstico y decidió no dejarse consumir por él y en su lugar centrarse en lo que era posible es cuando su carrera explotó.

Del mismo modo, Oprah decidió no dejar que el abuso y el trauma que sufrió la definieran. En su lugar, decidió centrarse en su educación y en cómo llegar más alto.

Somos nosotros los que nos ponemos limitaciones y obstáculos. En el caso de mi querido amigo Everett, por mucho que intentara recordar los acontecimientos, era inútil. Cuanto más lo intentaba, más frustrado y cansado se sentía.

Solo con breves períodos de descanso Everett era capaz de recordar cosas. Claro, se podía culpar a la droga, pero a pesar de todo, necesitaba salir de su camino para recuperar la memoria. Era parcialmente responsable de la velocidad de su progreso.

¿Alguna vez has decidido ponerte a dieta y engordar entre 3 y 5 kilos? Todo empieza genial, y luego empiezas a flaquear, a hacer trampas o incluso a abandonar. ¿Qué te parece dejar de fumar? Te pones el parche u otra ayuda. Todo va de maravilla hasta que ocurre algo estresante, te pones nervioso y dices "dame un cigarrillo". Lo siguiente que sabes es que has terminado. ¿Qué te parece cortar o dejar el alcohol? ¿Y un plan para crear una empresa? ¿Y un plan de ejercicio?

Todos tenemos la tendencia a sabotearnos a nosotros mismos. No todos somos perfectos y tenemos la motivación o la fuerza de voluntad suficientes para superar todas las pruebas que se nos plantean. Si sabemos que es así, es una oportunidad para que seamos más conscientes de nuestras acciones negativas, las dominemos y logremos nuestros objetivos. Puedes lograr cosas extraordinarias e incluso lo que parece inalcanzable si sabes que tu mayor reto eres tú mismo y ¡te apartas de tu camino!

CAPÍTULO 8

Tienes acceso a más conocimientos de los que necesitas.

"Estamos rodeados de datos, pero hambrientos de conocimientos".

—JAY BAER

Como mencioné en el capítulo 4, la cantidad de datos estimada en el mundo en 2020 era de 44 zettabytes. Y para 2025, se espera que la cantidad de datos generados cada día alcance los 463 exabytes en todo el mundo.

Esos 44 zettabytes equivalen a 44.000.000.000 terabytes, pero recuerda que tu cerebro solo puede retener entre 10 y 100 terabytes. Es importante señalar que la información de la que hablamos son "datos grabados". Solo representa una pequeña parte de toda la información registrada en la historia. Y hay una cantidad incalculable de información que aún tenemos que registrar y descubrir.

En otras palabras, nos rodea una cantidad ridícula de datos registrados y una cantidad incalculable de información y experiencias aún por capturar. Cada uno de nosotros solo llega a conocer una porción infinitesimal de cada uno durante su vida. Por lo tanto, podemos estar de acuerdo en que tenemos acceso a más conocimientos de los necesarios para resolver un problema o un reto, e intentar memorizar todo lo que podamos no tiene sentido.

Sin embargo, es una noticia maravillosa porque ahora hay una cosa menos en la que pensar. Una barrera menos que superar, ¡menos estrés! En algún lugar existe la solución. La gran pregunta es cómo capturamos la información valiosa relevante para nuestra situación.

¿Cómo hicieron Gandhi, Galileo, Mahoma, Sun Tzu o cualquier otra persona famosa para producir algo brillante? ¿Lo has pensado alguna vez? En serio, piensa en la pregunta por un momento. Sabemos que no es suerte.

Entonces, ¿cómo consiguieron el pensamiento? ¿Cómo consigues tú el pensamiento que necesitas? ¿Qué es un pensamiento? Apuesto a que nunca has pensado en ello.

Es una pregunta justa porque los pensamientos son abstractos y complejos; no son visibles. Así que aquí tienes la respuesta que te ayudará a conseguir lo que necesitas.

Los pensamientos son reacciones electroquímicas. El cerebro humano está compuesto por unos 100.000 millones de células nerviosas (neuronas) interconectadas por billones de conexiones llamadas sinapsis. Por término medio, cada conexión transmite aproximadamente una señal por segundo. Algunas conexiones especializadas envían hasta 1.000 señales por segundo. "De alguna manera... eso es producir pensamiento", dice Charles Jennings, director de neurotecnología del Instituto McGovern de Investigación Cerebral del MIT.

Dada la complejidad física de lo que ocurre dentro de la cabeza, no es fácil rastrear un pensamiento de principio a fin. "Es como preguntarse dónde empieza el bosque. ¿Es con la primera hoja o con la punta de la primera raíz?", dice Jennings. Más sencillo es empezar por considerar las percepciones: "pensamientos" que se desencadenan directamente por estímulos externos: una pluma roza su piel, ve estas palabras en la pantalla del ordenador, oye sonar un teléfono. Cada uno de estos acontecimientos desencadena una serie de señales en el cerebro.

Al leer estas palabras, por ejemplo, los fotones asociados a los patrones de las letras llegan a la retina y su energía desencadena una señal eléctrica en las células que detectan la luz. Esa señal eléctrica se propaga como una onda a lo largo de los largos hilos llamados axones que forman parte de las conexiones entre neuronas. Cuando la señal llega al extremo de un axón, provoca la liberación de neurotransmisores químicos en la sinapsis, una unión química entre el extremo del axón y las neuronas diana. Una neurona diana responde con su señal eléctrica, que, a su vez, se propaga a otras neuronas. En unos pocos cientos de milisegundos, la señal se ha propagado a miles de millones de neuronas en varias docenas de áreas interconectadas de tu cerebro, y has percibido estas palabras. (Todo eso, y probablemente ni siquiera has sudado).

El hecho de que luego sea capaz de convertir la percepción de estas formas en símbolos, lenguaje y significado es otra historia, y un buen indicio de la complejidad de la neurociencia. Tratar de imaginar cómo trillones de conexiones y miles de millones de transmisiones simultáneas se unen en el cerebro para formar un pensamiento es un poco como intentar ver las hojas, las raíces, las serpientes, los pájaros, las garrapatas, los ciervos y todo lo demás en un bosque en el mismo momento.[13]

Según el director de neurotecnología del MIT, el proceso es complejo. La explicación que se ofrece incluye la idea de que la información ya existe en fragmentos. Cuando se introduce un estímulo, se transforma en un pensamiento completo. A continuación, se absorbe y se transmite a través de las neuronas. El director ofrece una explicación maravillosa, y sin duda es una posibilidad.

Por el momento, nos quedaremos con la explicación del director y nos centraremos en la información. ¿Qué es la información? Es un concepto abstracto. Es la interpretación de lo que se puede percibir. En otras palabras, el conocimiento se obtiene a partir de la investigación, el estudio o la instrucción. Ya me entiendes. Es una interpretación que proviene de los datos que recibimos. Datos que ya existen.

Entonces, ¿cómo lo obtenemos? De la misma manera que obtenemos un cóctel, sabiduría, un beso, gripe, dinero o cualquier otra cosa. ¿Adivinamos? La respuesta es muy sencilla.

Se nos transfiere.

¿Y cómo se nos transfiere exactamente?

Resonancia

Un ejemplo fácil de entender es la transferencia de energía por resonancia en la fotosíntesis. ¿Recuerdas la fotosíntesis de la escuela primaria? Es el proceso mediante el cual las plantas utilizan la luz solar, el agua y el dióxido de carbono para crear oxígeno y energía en forma de azúcar.

¿Qué es la transferencia de energía por resonancia en la fotosíntesis? Es la transferencia de energía de una clorofila a otra. Este tipo de transferencia de energía se denomina transferencia de energía de resonancia o transferencia de excitones.

¿Qué es la transferencia de energía de resonancia en biología? La transferencia de energía por resonancia (RET, también conocida como transferencia de energía por resonancia de fluorescencia, FRET, o transferencia de energía electrónica, EET) es un proceso óptico en el que el exceso de energía de una molécula excitada -normalmente denominada donante- se transfiere a una molécula aceptora.[14]

¿Conoces Tesla? No, el coche no. Me refiero a Nikola Tesla, inventor, ingeniero eléctrico y mecánico, y futurista. Tesla es famoso por demostrar que la energía puede transmitirse de forma inalámbrica.

En términos actuales, piensa en Bluetooth. Bluetooth utiliza ondas de radio para intercambiar datos entre dispositivos fijos y móviles a corta distancia. Por ejemplo, los auriculares inalámbricos permiten escuchar música en el portátil o el teléfono sin la limitación de los cables.

Tesla también estudió la resonancia electromagnética. La resonancia se produce cuando un sistema puede almacenar y transferir energía entre dos o más modos de almacenamiento diferentes (como la energía cinética y la energía potencial en el caso de un péndulo simple).[15]

¿Conoces el último proyecto de Elon Musk, Neuralink? *Neuralink* es un dispositivo, o una Interfaz Cerebro-Máquina (IMC), para ser más concretos. La BMI se implanta quirúrgicamente en el cerebro humano, lo que puede ser un medio de comunicación entre humanos y máquinas. Los humanos pueden incluso controlar estas máquinas con solo *pensar* una orden. Neuralink también ayuda al estudio y la investigación de curas para diversos problemas médicos al permitir la transferencia de los datos emitidos por el cuerpo de vuelta a un receptor digital.

¿Qué transfiere los datos cerebrales?

Desde la creación de la empresa en 2016, no han dejado de desarrollar esta tecnología. El chipset Neuralink, también conocido como chipset N1, mide 8 mm de diámetro, con varios cables que alojan electrodos y el aislamiento necesario para estos cables.

Estos cables se implantan quirúrgicamente en el cerebro mediante un robot. La empresa afirma que los cables son tan gruesos como las neuronas del cerebro y tienen 100 micrómetros de diámetro. Es decir, ¡más finos que un mechón de pelo! Lo interesante es que se pueden colocar varios dispositivos en el cráneo para tratar distintas partes del cerebro.

Neuralink puede enviar y recibir señales eléctricas a través del cerebro para controlar máquinas. Por eso, la empresa afirma que podremos controlar dispositivos básicos como teléfonos inteligentes y ordenadores, e incluso escribir con el pensamiento.

Ahora bien, para que entendamos cómo funciona Neuralink, debemos saber que nuestro cerebro envía información a distintas partes del cuerpo, 24 horas al día, 7 días a la semana, a través de las neuronas. Las neuronas de nuestro cerebro están conectadas formando una extensa red y se comunican mediante señales químicas conocidas como neurotransmisores. Esta reacción crea un campo eléctrico y se marca colocando electrodos a poca distancia. Estos electrodos comprenden las señales eléctricas que pasan por el cerebro y las traducen a un algoritmo que la máquina puede leer. Mediante este proceso, Neuralink puede leer lo que pensamos y encontrar la forma de que interactuemos con las máquinas sin ni siquiera hablar.

Por ahora, Neuralink utiliza Bluetooth.

La empresa afirma que solo utilizará la fase inicial del proyecto en el sector sanitario. La máquina ayudará a los parapléjicos a realizar tareas sencillas, como manejar un teléfono o un ordenador. También podría utilizarse más adelante para tratar la epilepsia. Durante una entrevista, Musk llegó a decir que la máquina podría ayudar a las personas a recuperar la vista incluso después de haber perdido el nervio óptico. Afirmó que esta tecnología, en teoría, podrá arreglar cualquier problema del cerebro. Musk también dijo que Neuralink podría restaurar el habla, el movimiento y la memoria de una persona paralizada. Con una simbiosis completa de la tecnología y el cerebro humano, Musk afirma que puede ser posible que los humanos interactúen entre sí sin tener que hablar. ¿Te lo imaginas? Un fenómeno fantástico hecho realidad. También podemos conseguir hardware adicional para transmitir música a nuestro cerebro.[16]

En el pasaje anterior se dice: "Estos electrodos comprenden las señales eléctricas que pasan por el cerebro y las traducen a un algoritmo que la máquina puede leer". ¿A qué te suena esto? ¿Te suena a sintonizar tu cerebro como una radio a una frecuencia para enviar una señal y comunicarte con otro aparato para obtener información o música?

Musk nos está diciendo que, con la ayuda de Neuralink, podemos transmitir información de nuestro cerebro a un ordenador y viceversa de forma inalámbrica. No solo nos dice que podemos hacerlo, sino que lo ha demostrado. Además, está a punto de rentabilizar su idea y ganar mucho dinero.

¡Noticia de última hora! Neuralink es un dispositivo maravilloso que sin duda resuelve problemas que son complejos y es una solución para las vías dañadas. Sin embargo, cuando hablamos de capturar datos a escala microscópica, no necesitamos que Neuralink se implante en nuestro cerebro a menos que sea para sustituir una vía dañada.

Piénsalo un momento. En el caso de los datos, es análogo a enviar a Uber Eats a la tienda de comestibles local para conseguir una pizza que se encuentra en la sección fría que compraron a Domino's Pizza. ¿Es necesario involucrar a Uber y a la tienda de conveniencia cuando se podría comprar la pizza directamente a Domino's, caliente y lista para comer?

En otras palabras, no hay razón para los dos intermediarios. Los dos intermediarios se refieren al Neuralink y al ordenador remoto. Sí, estoy sugiriendo que tengamos la capacidad de capturar datos desde cualquier lugar sin necesidad de un Nueralink, un ordenador o cualquier otra cosa.

Ya que ahora tienes una mejor comprensión de la transferencia de energía de resonancia, compartiré algo llamado teoría de cuerdas, física innovadora.

En *física*, la teoría de cuerdas es un *marco teórico* en el que las *partículas puntuales de la física de partículas* se sustituyen por objetos unidimensionales llamados cuerdas. La teoría de cuerdas describe cómo estas cuerdas se propagan por el espacio e interactúan entre sí. En escalas de distancia mayores que la escala de cuerdas, una cuerda se parece a una partícula ordinaria, con su *masa, carga* y otras propiedades determinadas por el estado *vibracional* de la cuerda. En la teoría de cuerdas, uno de los muchos estados vibratorios de la cuerda corresponde al *gravitón, una partícula mecánica* cuántica portadora de la *fuerza gravitatoria.* Así pues, la teoría de cuerdas es una teoría de la *gravedad cuántica.*

La teoría de cuerdas es un tema amplio y variado que intenta abordar una serie de cuestiones profundas de la *física fundamental.* La teoría de cuerdas ha aportado una serie de avances a la *física matemática,* que se han aplicado a diversos problemas de la física de los *agujeros negros,* la *cosmología* del universo temprano, la *física nuclear y la física de la materia condensada,* y ha estimulado una serie de avances importantes en las *matemáticas puras.* Dado que la teoría de cuerdas ofrece potencialmente una unificada de la gravedad y la física de partículas, es candidata a *teoría del todo,* un *modelo matemático* autónomo que describe todas las *fuerzas y formas fundamentales* de la *materia.* Pese a lo mucho que se ha trabajado en estos problemas, no se sabe hasta qué punto la teoría de cuerdas describe el mundo real ni cuánta libertad permite la teoría en la elección de sus detalles.

La teoría de cuerdas se estudió por primera vez a finales de los años 60 como teoría de la *fuerza nuclear fuerte* antes de ser abandonada en favor de la *cromodinámica cuántica.* Posteriormente, se observó que las propiedades que hacían de la teoría de cuerdas una teoría inadecuada para la física nuclear la convertían en una prometedora candidata para una teoría cuántica de la gravedad. La primera versión de la teoría de cuerdas, la *teoría de cuerdas bosónica,* solo incorporaba la clase de *partículas* conocidas como *bosones.* Más tarde se convirtió en la *teoría de supercuerdas,* que postula una conexión llamada *supersimetría* entre los bosones y la clase de partículas llamadas *fermiones.* Se desarrollaron cinco versiones coherentes de la teoría de supercuerdas antes de que, a mediados de la década de 1990, se conjeturara que todas ellas eran diferentes casos límite de una única teoría en 11 dimensiones conocida como *teoría M.* A finales de 1997, los teóricos descubrieron una importante relación denominada correspondencia *anti-de Sitter/ teoría de campos conformes* (correspondencia AdS/CFT), que relaciona la teoría de cuerdas con otro tipo de teoría física denominada *teoría cuántica de campos.*

Uno de los retos de la teoría de cuerdas es que la teoría completa no tiene una definición satisfactoria en todas las circunstancias.

Otro problema es que se cree que la teoría describe un enorme *paisaje* de universos posibles, lo que ha complicado los esfuerzos por desarrollar teorías de la física de partículas basadas en la teoría de cuerdas. Estas cuestiones han llevado a algunos miembros de la comunidad a criticar estos enfoques de la física y a cuestionar el valor de seguir investigando sobre la unificación de la teoría de cuerdas.[17]

Si estás confundido, no te preocupes. En resumen, en la escala más pequeña, todo está hecho de cuerdas que vibran, incluidos los datos. La resonancia se produce con todos los tipos de vibración. En otras palabras, las cuerdas o los datos vibran y producen una frecuencia como una onda de radio. Por lo tanto, los datos son detectables. Así es como tu radio capta una canción, tu teléfono una llamada y tu ordenador una película de Netflix. Así funciona también Neuralink. La clave de todo es poder detectar los datos.

Si quieres los datos, también deberías poder obtenerlos como tu portátil obtiene información de Internet. Vuelvo a preguntar: "¿Cómo se nos ocurrió la idea del ordenador?". Es una réplica de un cerebro humano.

Tu cerebro tiene la misma capacidad que un portátil y más. La diferencia es que tu portátil viene con un Manual de Operaciones, y tu cerebro no. Sin embargo, algunas personas saben cómo funciona. Explica cómo surgieron los ordenadores.

La resonancia explica cómo personas como Einstein hacen descubrimientos brillantes y cómo a la gente corriente se le ocurre una idea. Simplemente captan los datos que detectan y los procesan.

Podría decirse que otra forma de capturar datos es utilizando la Ley de la Atracción. Es la creencia espiritual del *Nuevo Pensamiento* de que los pensamientos positivos o negativos atraen experiencias positivas o negativas a la vida de una persona. La creencia se basa en la idea de que las personas y sus pensamientos están hechos de *"energía pura"* y que la energía puede atraer energía similar, lo que permite a las personas mejorar su salud, su riqueza o sus relaciones personales. No existen pruebas científicas empíricas que respalden la Ley de la Atracción, por lo que se considera una pseudociencia.

Sus defensores suelen combinar técnicas de *replanteamiento cognitivo* con afirmaciones y *visualización creativa* para sustituir los pensamientos limitantes o autodestructivos ("negativos") por otros más empoderadores y adaptativos ("positivos"). Un componente clave de la filosofía es la idea de que, para cambiar eficazmente los patrones de pensamiento negativos, también hay que "sentir" (mediante la visualización creativa) que los cambios deseados ya se han producido. Se cree que esta combinación de pensamiento positivo y emoción positiva permite atraer experiencias y oportunidades positivas al lograr la resonancia con la ley energética propuesta.

Los partidarios de la Ley de la Atracción hacen referencia a teorías científicas y las utilizan como argumentos a su favor. Sin embargo, no tiene ninguna base científica demostrable. Varios investigadores han criticado el uso indebido de conceptos científicos por parte de sus defensores.[18]

Vale, ¡me has pillado! Podría decirse que la ley de la atracción es una pseudociencia. No te culpo si no crees en la ley de la atracción. Lo comprendo perfectamente. Estudié bioquímica, física y otras ciencias en la universidad, no empresariales. Creo en la ciencia y en el método científico, y quiero pruebas de que algo existe.

Sabemos, por experiencia, que mucho de lo que aprendemos es falso. Además, la ciencia tarda tiempo en validar las teorías. Pero la falta de validación no significa que no exista o que no sea válido o cualquier otra cosa. Solo significa que aún no se ha demostrado científicamente. Si crees en la Física, la Conciencia, las Leyes de la Termodinámica, la Mecánica Cuántica y el Entrelazamiento, entonces crees en la energía, y todo está hecho de ella. Se necesitaron décadas para validar estas disciplinas y teorías científicas. La teoría de cuerdas es la siguiente en el horizonte, y posiblemente la Ley de la Atracción.

Independientemente de si crees o no en la Ley de la Atracción. Los datos son energía y están ahí fuera. Pero, ¿dónde? Si crees en la ciencia innovadora, está en el Universo de Bloques o en el Campo Cuántico. Ya hemos hablado del Universo de Bloques.

El campo cuántico parece un amasijo de símbolos, fórmulas matemáticas y algo que uno podría encontrar escrito en las paredes de un ovni. Nosotros, los humanos, seguimos intentando darle sentido. La Teoría Cuántica de Campos comienza con las partículas y cómo se relacionan entre sí. Su fundamento básico tiene que ver con el conocimiento de que las cosas que nos rodean, incluso las partes de nuestro cuerpo, pueden analizarse observando los átomos que las componen y cómo cómo se comportan esos átomos con otros átomos para formar partes de un todo, algo con lo que estamos familiarizados. Analizamos las cosas de este modo para comprender sucesos y acontecimientos, fenómenos y entidades que ocurren constantemente. Los físicos cuánticos se esfuerzan por explicar cómo se comportan los componentes básicos de la materia y por comprender las leyes que rigen plenamente ese comportamiento. En esencia, aquí es donde comienza la Teoría Cuántica de Campos.

Dado que es tan compleja, uno podría pensar que los experimentos serían defectuosos e inflexibles al intentar aplicar la Teoría Cuántica de Campos a los fenómenos. Se equivocaría. La Teoría Cuántica de Campos ha predicho muchos descubrimientos, la partícula Bosón de Higgs, por ejemplo, y la antimateria. También ha hecho realidad, en cierto modo, la unificación de las diferentes leyes teóricas cuánticas que se aplican a diferentes sucesos. Podemos empezar a examinar las cosas utilizando la Teoría Cuántica de Campos porque nos dice que la materia no es realmente un conjunto de partículas, per se, sino más bien una serie de campos cubiertos que se superponen y chocan entre sí, formando la materia y todo lo que vemos a nuestro alrededor. Aún no se han aislado los detalles, ni siquiera hemos empezado a arañar la superficie de la comprensión plena de la Teoría Cuántica de Campos. Cuando Paul Dirac, el primer científico que propuso su existencia en la década de 1920, se dio cuenta por primera vez de los fundamentos teóricos de la QFT, cabría imaginar que sabía que tendría un gran alcance y que cambiaría paradigmas. Ahora vemos que así ha sido. Utilizando las ideas de Dirac, hemos investigado más a fondo el significado de la existencia y por qué la materia se comporta como lo hace. En cierto sentido, esto hace que el estudio continuado de la Teoría Cuántica de Campos sea aún más valioso. Puede que algún día dé respuesta a nuestras preguntas más fundamentales sobre la vida, el universo e incluso el principio de todas las cosas.[19]

En conclusión, la ciencia nos ofrece posibilidades que explican dónde se encuentran los datos, y dondequiera que estén, siguen estando en forma de energía. Según la Primera Ley de la Termodinámica, sabemos que la energía no puede crearse ni destruirse. Además, el trabajo de Steven Hawking validó que incluso si la información se encuentra con el horizonte de sucesos de un agujero negro, la información no se destruye, sino que se almacena en un holograma 2D.[20]

Jay Baer tiene razón, *"estamos rodeados de datos, pero hambrientos de percepciones"* Creo que un día no muy lejano, la ciencia validará el proceso de acceso a todos los datos que nos rodean. Puede que incluso encuentre la forma antes de eso. Sin embargo, hasta entonces, sigue cortando leña y acarreando agua.

CAPÍTULO 9

Las habilidades son como las herramientas. Funcionan mejor cuando se afilan.

"A menos que estés continuamente mejorando tus habilidades, te estás volviendo rápidamente irrelevante".

—STEPHEN R. COVEY

¿Eres impaciente? Sé que puedo serlo, aunque nada como antes. Vergonzosamente, en una época, yo era el mayor infractor. Sí, vergonzosamente, ¡e incluso a veces de forma odiosa!

No podía esperar en la cola para nada. Pagaba a todos los maître para conseguir una mesa más rápido, al portero para esquivar a la multitud e incluso invitaba a la gente a café si podía evitar la cola. Una vez incluso le compré la compra a una mujer porque estaba buscando dinero en la cartera... así que le di el dinero suficiente para pagar su compra semanal.

En otra ocasión, salí de mi casa en Los Ángeles para viajar a París y reunirme con unos amigos para unas vacaciones de dos semanas. Me hacía mucha ilusión ir a Francia, estar con amigos y asistir a las 24 horas de Le Mans. La sola idea de ver todos los coches exóticos de alta gama corriendo a toda velocidad por el circuito irregular con aficionados de todo el mundo era estimulante.

La adrenalina estaba por las nubes cuando llegué al aeropuerto internacional de Los Ángeles. Para mi sorpresa, la cola para facturar llegaba hasta la siguiente terminal. Había cientos de personas y yo estaba en estado de shock. Podía sentir cómo cambiaba la adrenalina.

Tenía tiempo suficiente para esperar en la cola y subir al avión. Sin embargo, no importaba. En lugar de ejercitar la paciencia, opté por la estupidez y entré en la cola de facturación de la clase Business para acortar el proceso. Rápidamente me echaron la bronca. "Me temo que no tenemos asientos disponibles en clase Business, así que su única opción, señor, es esperar en la cola y confiar en llegar al vuelo". ¡Inaceptable!

La impaciencia se disparó junto con mi ansiedad y, antes de darme cuenta, compré un billete de primera clase de 12.000 dólares además del otro billete que ya tenía en la mano únicamente porque no quería esperar en la cola. Sí, ¡en serio!

Para colmo de la estupidez, subí al avión y me tomé un Ambien por miedo a no descansar y estar fresco al llegar. Bueno, me quedé dormido durante once horas, para ser exactos. La azafata me despertó con una suave sacudida. veinte minutos antes de la llegada. ¡Fantástico! Todo lo que recuerdo son los primeros treinta minutos del vuelo y todo por el económico precio de 12.000 dólares.

Por aquel entonces, pensaba que mi habilidad consistía en evitar las colas. Era un maestro a la hora de entrar en cualquier restaurante, club, concierto o cualquier otro evento sin reservas ni incidentes, como si fuera una celebridad. Lo que empeoraba las cosas era que mi familia y mis amigos sabían el talento que tenía en este sentido y siempre estaban listos, dispuestos y dispuestos a ponerme a prueba.

Sí, tengo muchos recuerdos excéntricos y ridículos que compartir de esta maravillosa habilidad que desarrollé. Sin embargo, lo que realmente hice fue negarme la oportunidad de ejercitar la paciencia, la verdadera habilidad y el talento. Una habilidad que debería haber desarrollado antes. Porque me negué la oportunidad de tener momentos más significativos. Supongo que todos vivimos y aprendemos a nuestro propio ritmo.

Con el tiempo aprendí a abstenerme de repartir dinero despreocupadamente a todo el mundo. Y lo que es más importante, empecé a centrarme en desarrollar las habilidades que mejor me servirían para seguir adelante. Por ejemplo, hice el esfuerzo de ser consciente de mis otros hábitos desagradables para mejorar mi comportamiento y mejorar la calidad de mi vida. Aprendí a estar presente, a conectar con la gente a nivel personal y a crear relaciones significativas y duraderas sin tanta estupidez.

Todos poseemos habilidades más que suficientes para alcanzar nuestros objetivos y vivir una vida feliz. Si queremos alcanzar esos objetivos y vivir una vida feliz y gratificante, tenemos que ser conscientes de esas habilidades y de cómo desarrollarlas. También tenemos que ser conscientes de los retos a los que nos podemos enfrentar por el camino. Incluso el mayor reto, del que hablaremos más adelante en el libro.

Las habilidades se dividen en dos categorías: Habilidades duras y Habilidades blandas.

Las habilidades duras son conocimientos técnicos o formación que se adquieren a través de la experiencia vital, que incluye la educación y la carrera profesional. También podemos desarrollarlas a través de otras vías, como la práctica de aficiones o intereses relacionados con esas habilidades. Algunos ejemplos de habilidades duras son el diseño de interiores, la interpretación, la cinematografía, el mantenimiento de automóviles, el desarrollo de software, la fontanería y la introducción de datos.

Por el contrario, las competencias blandas son hábitos y rasgos personales que determinan la forma de trabajar por cuenta propia y con los demás. También se conocen como habilidades interpersonales.

Algunas habilidades blandas son el pensamiento crítico, la empatía, la apertura mental, el trabajo en equipo, la creatividad, la adaptabilidad, la resolución de problemas y la integridad.

Puede que quieras sentarte y recopilar una lista de las habilidades duras y blandas que posees. Si tienes un currículum, espero que lo hayas hecho. Si no lo has hecho, deberías hacerlo por tu posible empleo y, lo que es más importante, por ti mismo.

Los empresarios se fijan en primer lugar en sus capacidades personales y personales cuando le tienen en cuenta para un puesto. Enumerar tus habilidades duras y blandas y destacar el trabajo que has que has realizado demuestra cómo has sabido sacar partido de tus talentos. También da pistas sobre tu potencial futuro. Te recomiendo encarecidamente que añadas ambas habilidades a tu currículum.

Personalmente, los beneficios de enumerar y evaluar tus habilidades son incalculables.

Sin embargo, para recibir esos beneficios, tendrás que hacer algo de trabajo. En un capítulo anterior, hablamos de técnicas que te ayudarán a conseguir tus objetivos. Una que sería especialmente beneficiosa en tu búsqueda es el Análisis SWOT. Es rápido, preciso y práctico.

Te recomiendo que primero enumeres las habilidades duras en una columna y luego las blandas en una segunda. Puedes hacer este ejercicio en una hoja de papel o en tu ordenador con Word, Excel u otro programa con el que te sientas cómodo. A mí me gusta utilizar Excel porque puedo desplazar el contenido fácilmente. Pronto lo entenderás.

El siguiente paso es especialmente importante. Recuerda que las habilidades interpersonales incluyen hábitos y rasgos, tanto buenos como malos. No incluirías los negativos en tu currículum, pero abordarlos en tu beneficio será beneficioso y gratificante, así que anótalos en la columna.

Ahora, en un papel aparte o en la misma hoja de Excel, crea cuatro columnas o secciones. Etiqueta las secciones como Puntos fuertes, Puntos débiles, Oportunidades y Debilidades. Empieza a rellenar cada sección solo con las Habilidades Duras. No pienses demasiado en dónde colocar cada habilidad dura. Coloca cada una donde creas que debe estar.

Ten en cuenta que no es imprescindible tener el mismo número de entradas en cada columna. En otras palabras, no es necesario tener cuatro competencias duras en cada columna. Del mismo modo, no es necesario que haya cuatro competencias blandas en cada columna.

Sería muy poco habitual que así fuera. Tendrás más competencias duras y blandas en la columna de Fortalezas y menos en la columna de Amenazas. Es normal, así que no te preocupes.

Una vez completado el segmento de colocación de habilidades duras, detente y aléjate sin revisar tu trabajo durante una hora más o menos. ¿Tienes recados o puedes escuchar música? Sea cual sea el caso, tómate un descanso y vuelve dentro de una hora o más.

De nada. Ahora, revisa tu trabajo sin juzgarlo. ¿Hay algo que te parezca fuera de lugar? En otras palabras, ¿crees que has categorizado correctamente tus habilidades?

Si la respuesta es negativa, lo cual es muy posible, crea otra hoja de papel y enumera en ella las habilidades duras mal colocadas. No modifiques tu trabajo original. Simplemente enumera los hábitos y rasgos mal colocados en la nueva hoja de papel bajo el epígrafe en el que ahora crees que deberían aparecer. Deja espacio para comentar cada una de estas habilidades, algo que harás más adelante.

Ahora es el momento de volver a tu análisis SWOT original. Como ya he dicho, no modifiques nada de tu trabajo anterior. Ahora añadirás tus competencias interpersonales a las mismas columnas. Continúa bajando por cada columna añadiendo hábitos y y rasgos que consideres oportunos. De nuevo, te recomiendo que lo hagas rápidamente y con muy poca reflexión. Una vez completada la tarea, aléjate inmediatamente durante al menos una hora.

¡Fantástico! Excelente trabajo si has seguido las instrucciones y has completado estos pasos. Sé que puede parecer una cantidad considerable de trabajo. Sin embargo, te prometo que los beneficios son enormes e inmediatos.

Espero que hayas disfrutado de tu descanso. Ahora volvamos a ello. Ahora puedes revisar tu análisis SWOT, que contiene tanto tus competencias duras como blandas.

¿Notas algo interesante? ¿Te das cuenta de cómo te percibes a ti mismo? ¿Tiendes a verte con puntos fuertes y pocas debilidades, o viceversa? ¿Te ves como una persona temerosa ante las amenazas?

El análisis SWOT saca a la luz algo más que la mera disposición en columnas de las habilidades duras y blandas. Con suerte, te revela más cosas sobre quién eres y tus comportamientos. Es importante que anotes tus nuevas revelaciones y cualquier otra cosa que se te ocurra.

Ahora puedes cambiar las habilidades blandas si te apetece. Una vez que estés satisfecho, es el momento de volver a la hoja de papel o a la sección de Excel donde has recategorizado tus habilidades duras. Revisa tus elecciones y, junto a cada una de ellas, escribe una explicación de por qué la has cambiado de categoría. Si, después de escribir tu explicación, crees que tu elección inicial era incorrecta, ahora puedes ajustar la habilidad en tu hoja maestra SWOT.

Guarda todo tu trabajo a mano. Lo necesitarás como referencia en los pasos siguiente y último. Ten en cuenta que el trabajo que acabas de realizar ha situado tus competencias duras y blandas en el centro de tu atención. Ahora tienes la oportunidad de mejorar tus talentos, hábitos, rasgos, tu persona y tus posibilidades de éxito.

El último paso del proceso consiste en crear una hoja aparte para escribir afirmaciones empoderadoras basadas en tus observaciones. Estas afirmaciones también se conocen como Afirmaciones.

Recomiendo encarecidamente utilizar papel y bolígrafo en lugar de Microsoft Word u otro programa informático. La razón es que está científicamente demostrado que las notas escritas a mano tienen un efecto de refuerzo en el cerebro.

En otras palabras, la sensación del bolígrafo sobre el papel crea estímulos que refuerzan la experiencia, facilitando el recuerdo de la información. A continuación, podrás aplicar las técnicas aprendidas para potenciar tus habilidades. Además, la experiencia te resultará estimulante.

Para empezar, ten en cuenta que el propósito de este paso es crear afirmaciones positivas y poderosas que refuercen tus pensamientos. En otras palabras, crearás afirmaciones que te animarán, te darán confianza, reducirán y, con suerte, eliminarán las dudas y los hábitos poco saludables, y te impulsarán a emprender el acto con seguridad.

Antes de empezar, tómate tu tiempo para estar relajado y cómodo. Si no lo haces, te resultará más difícil formular las afirmaciones y puede que no sean concisas. Cuanto más concisas sean las afirmaciones, mejores resultados obtendrás, así que no te engañes a ti mismo precipitándote. Haz ejercicios de respiración, da un paseo o haz lo que necesites para relajarte.

¿Preparado? Estas son las reglas básicas que debes conocer para empezar.

1. Todas las afirmaciones deben comenzar con la palabra Yo o Mi.
2. Las afirmaciones cortas son las más fáciles de recordar. Ejemplo: Soy una persona amable.
3. Las afirmaciones son siempre afirmaciones positivas. Ejemplo: Puedo lograr incluso tareas difíciles.
4. Escríbelas en presente, como si las estuvieras experimentando ahora.
5. Ejemplo: Veo que soy rico en todos los sentidos.

6. Escribe solo afirmaciones que creas que son posibles.
7. Incluye una emoción. Las emociones positivas desencadenan acciones positivas. Ejemplo: Estoy agradecido por todo lo que hay en mi vida.
8. Las afirmaciones deben escribirse como si ya hubieras conseguido lo que buscas. Ejemplo: Soy rico y estoy entusiasmado por más riqueza en camino.

No hacer lo siguiente:

1. Nunca utilices palabras negativas
2. Nunca utilices el pasado
3. Nunca utilices fechas o cantidades exactas; son limitantes.
4. Nunca digas quiero o necesito. Céntrate en lo que tienes y vas a realizar.

Ahora tienes lo básico para ponerte en marcha. Sin embargo, te recomiendo encarecidamente que investigues las afirmaciones por tu cuenta por dos razones. Una, la investigación reforzará la información que estoy compartiendo. Dos, recibirás más ejemplos que te ayudarán a formular afirmaciones para las cosas específicas que buscas.

Una vez que hayas compilado tu lista de afirmaciones, te animo a que las escribas ordenadamente en un bloc de notas con un bolígrafo y las guardes junto a tu cama. Léelas todos los días, al menos por la noche antes de acostarte o a primera hora de la mañana.

Para obtener mejores resultados, léelas por la mañana y por la noche. Y lo que es más importante, asegúrate de estar relajado cuando las leas. La simple lectura de las palabras no produce los mejores resultados. Cuanto más presente estés y más sientas la emoción de cada afirmación, más resonará y más confianza sentirás cuando trabajes para conseguir un objetivo.

En conclusión, las habilidades son como las herramientas. Funcionan mejor cuando se afilan. Utilizando un análisis SWOT, ahora lo tienes.

En conclusión, las habilidades son como las herramientas. Funcionan mejor cuando se afilan. Utilizando un análisis SWOT, ahora tienes una metodología que le ayudará a detectar y comprender mejor sus competencias duras y blandas. Puedes centrarte en mejorar tus puntos fuertes y eliminar lo que no te beneficia. Dominar tus habilidades duras y blandas te posicionará para capitalizar más oportunidades y lograr mejores resultados.

Me alegro por ti porque tu exigente trabajo ya está dando sus frutos. Si todavía no ves los beneficios, ten paciencia, pronto los verás. Enhorabuena, estás en el buen camino para alcanzar el éxito que deseas y mereces. ¡Felicidades!

CAPÍTULO 10

La vida es más agradable teniendo experiencias positivas.

"Una mentalidad positiva trae cosas positivas".

—PHILIPP REITER

Obviamente, ¿no? Pero, ¿por qué la vida es más agradable que tener experiencias positivas? ¿Lo has pensado alguna vez? Apuesto a que si lo has hecho, no es en gran medida. ¿Merece realmente la pena plantearse esta pregunta y, en caso afirmativo, hasta qué punto? Puede que la respuesta te sorprenda o puede que no, pero en cualquier caso obtendrás un beneficio que hará que merezca la pena leerlo.

Porque al final de este capítulo, comprenderás por qué estas preguntas son tan importantes. También aprovecharás el poder de las respuestas para mejorar tus experiencias a medida que avanza para lograr las cosas significativas que tú deseas. Y lo que es más importante, disfrutarás del proceso y realizarás tus deseos con menos esfuerzo y fricción.

La ciencia sobre este asunto es bastante sencilla. Cinco sustancias químicas principales del cuerpo humano son responsables de la felicidad. Son la dopamina, la endorfina, la serotonina, la oxitocina y el cortisol. Cada una tiene un efecto diferente y notable en nuestro cerebro y comportamiento. Comprender cómo nos afecta cada una de ellas es una oportunidad para mejorar nuestro estado mental, nuestra productividad y las posibilidades de alcanzar nuestros sueños.

La dopamina es ampliamente conocida por el papel que desempeña en el sistema de recompensa de nuestro cerebro. Si hacemos algo que nuestro cerebro considera gratificante, recibimos una inyección de dopamina. La razón de este aumento es recordar la acción positiva y animarnos a repetirla.

Los investigadores sospechaban que la dopamina podía influir en el modo en que el cerebro evalúa si una tarea mental merece la pena. El equipo, codirigido por el Dr. Michael Frank, de la Universidad Brown, realizó experimentos para evaluar el papel de la dopamina en la motivación. El estudio fue financiado en parte por el Instituto Nacional de Salud Mental (NIMH) de los NIH. Los resultados se publicaron en *Science* el 20 de marzo de 2020.

Cincuenta personas de entre 18 y 43 años participaron en el estudio. Los científicos midieron primero los niveles de dopamina natural en el cuerpo estriado de los participantes. Se pidió a los participantes que eligieran entre una serie de tareas de memoria de dificultad variable. Las tareas mentales más difíciles se recompensaban con más dinero.

El equipo descubrió que las personas con mayores niveles de dopamina en una región del cuerpo estriado llamada núcleo caudado eran más propensas a centrarse en los beneficios (el dinero) y elegir las tareas mentales difíciles. Los que tenían niveles más bajos de dopamina eran más sensibles al coste percibido o a la dificultad de la tarea.

A continuación, los participantes completaron experimentos tras tomar un placebo inactivo, metilfenidato o sulpirida, un medicamento antipsicótico que, en dosis bajas, aumenta los niveles de dopamina. Aumentar la dopamina aumentó la predisposición a elegir tareas mentales más difíciles de las personas con baja, pero no alta, capacidad de síntesis de dopamina en el núcleo caudado. Lo hizo cambiando su sensibilidad coste/beneficio. Los resultados de estos experimentos reflejaron los hallazgos para niveles de dopamina naturalmente variables.[21]

En resumen, la endorfina se considera un analgésico natural. Seguro que has oído hablar del "subidón del corredor". Es cuando un corredor pasa cierto punto de esfuerzo y afirma experimentar un subidón o sensación de euforia. Lo que ocurre es que el cuerpo libera endorfinas cuando los músculos se acercan a sus límites para suprimir el dolor. Sin embargo, la mayoría de los corredores olvidan rápidamente el dolor al pasar a un estado indoloro. La transición es tan significativa que a menudo la describen como un subidón. Es decir, catapultados a un estado físico y mental más feliz.

Por supuesto, una vez que la endorfina abandona nuestro cuerpo, empezamos a sentir dolor muscular. Sin embargo, la mayoría de la gente describe el dolor como un dolor positivo que resulta en nuestro crecimiento y desarrollo físico.

La gente ha asociado durante mucho tiempo el ejercicio con las endorfinas, incluso sin ser conscientes de la ciencia que hay detrás de ello.

Sin embargo, hay ciencia.

Por ejemplo, un *meta-análisis* de 2018 muestra una asociación entre el *entrenamiento con ejercicios de resistencia* y una reducción significativa de los síntomas depresivos. Los investigadores descubrieron que este efecto se producía independientemente del estado de salud de la persona, la cantidad de ejercicio de resistencia en la que participaba o si observaba alguna mejora significativa en la fuerza física.

Asimismo, un *meta-análisis de 2019* sugiere que realizar 45 minutos de *ejercicio aeróbico* de intensidad moderada tres veces por semana puede tener un efecto *antidepresivo* significativo.

Otras actividades físicas, como *bailar* y *tener relaciones sexuales*, también pueden aumentar los niveles de endorfinas. El conocido "subidón del corredor" que se experimenta después de un ejercicio intenso y prolongado también se debe a un aumento de los niveles de endorfinas.

Debido a esta evidencia, no es habitual que los médicos prescriban ejercicio junto con terapia o medicación para tratar los síntomas depresivos.

Aumentar los niveles naturales de endorfinas del cuerpo puede ser una forma eficaz de mejorar la salud general.

Aunque la *investigación* está en curso, los científicos han descubierto que unos niveles más altos de endorfinas pueden reducir el dolor y aumentar el placer. Los niveles altos de endorfinas también pueden ayudar a:

- reducir los síntomas de estrés, ansiedad y depresión
- mejorar el estado de ánimo
- aumentar la autoestima
- favorecer la función cognitiva
- mejorar la salud del sistema inmunitario
- reducir la inflamación
- regular el apetito

Los niveles de endorfinas y los estímulos que ayudan a aumentarlos pueden variar de una persona a otra. Hasta ahora, las investigaciones parecen destacar que la actividad física, ciertos alimentos y diversas actividades placenteras aumentan los niveles de endorfinas.

Aunque los profesionales de la salud aceptan que comer alimentos apetitosos puede aumentar los niveles de endorfinas, las investigaciones se han centrado en categorías más específicas.

Por ejemplo, los *estudios* sugieren que comer chocolate negro rico en cacao - idealmente con un 70% de cacao o más - puede aumentar los niveles de endorfinas y dopamina. La dopamina es otra sustancia química del cerebro que produce bienestar.

Además, la *investigación* ha demostrado una relación entre el consumo de alimentos picantes y un aumento de los niveles de endorfinas. La teoría es que el cuerpo produce endorfinas para contrarrestar el dolor de la sensación de ardor de la comida.

Se han investigado los beneficios de la risa para la salud. Reír puede aumentar los niveles de endorfinas y tener otros efectos positivos en el organismo.

Por ejemplo, un *metaanálisis* de 2019 descubrió que la risa puede mejorar los síntomas de ansiedad y depresión y la calidad del sueño.

Otra *revisión de 2019* aboga por una mayor investigación sobre el vínculo entre el dolor y el humor.

Una persona puede traer más risa y humor a su vida de muchas maneras, como pasar tiempo con amigos o familiares.

Algunas *investigaciones* sugieren un vínculo potencial entre los niveles bajos de endorfinas y ciertas afecciones o síntomas de salud.

Cuando el cuerpo de una persona no produce suficientes endorfinas, puede correr un mayor riesgo de:

- pérdida de peso involuntaria
- dolores corporales
- depresión y ansiedad
- mal humor

- problemas para dormir
- adicción

Se sigue investigando la relación entre los problemas de salud y las endorfinas. Por ejemplo, un estudio descubrió que el aumento de endorfinas en el organismo estaba relacionado con el alivio del dolor en personas con fibromialgia.

Las endorfinas son un tipo de sustancia química cerebral que ayuda a las personas a afrontar el dolor y el estrés.

Unos niveles saludables de endorfinas pueden ayudar a las personas a afrontar el dolor físico, el mal humor y los síntomas de ansiedad o depresión. Un nivel bajo de endorfinas puede aumentar el riesgo de padecer dolores corporales, dificultades para dormir y adicción.

Los conocimientos de los científicos sobre los niveles de endorfinas en el ser humano siguen evolucionando. Los investigadores creen que las personas pueden aumentar los niveles de esta sustancia química que les hace sentirse bien mediante actividades como el ejercicio físico, el consumo de alimentos que liberan endorfinas, como el chocolate negro, y el uso de su sentido del humor.[22]

La siguiente es la oxitocina. Es la sustancia química responsable del vínculo social. La oxitocina me parece muy interesante porque tiene un efecto que va más allá de nuestro cuerpo. Cuando interactuamos positivamente con otras personas, se produce una oleada de oxitocina. El resultado es que queremos pasar más tiempo con esas personas. También ocurre cuando interactuamos con animales, como las mascotas, y explica por qué los dueños de animales de compañía manifiestan una mayor sensación de bienestar cuando están con sus mascotas.

La oxitocina es más que un subidón químico pasajero. Es una hormona que funciona como neurotransmisor en el cerebro. Se cree que es la fuerza motriz de la atracción y los cuidados, e incluso controla aspectos clave del sistema reproductivo, el parto y la lactancia.

La oxitocina se ha ganado el apodo de "la hormona del abrazo" o del "amor" porque se libera cuando las personas se acurrucan, tienen relaciones sexuales o establecen vínculos sociales. De hecho, el efecto es tan fuerte que se ha demostrado que incluso acariciar a un perro la libera. Sin embargo, descubrimientos recientes han arrojado nueva luz sobre los efectos de la oxitocina y por qué puede que no todo sean besos y abrazos.

El doctor Robert C. Froemke, neurocientífico que estudia la oxitocina en la Universidad de Nueva York, está de acuerdo. "La oxitocina no es una "hormona de la confianza" ni una "droga del amor". La oxitocina se libera durante el contacto social y la mirada, el vínculo madre-hijo y el parto, y también en otros casos", explica. "La mayoría de los estudios neurocientíficos actuales sobre la oxitocina indican que la oxitocina no siempre hace a la gente más feliz o más prosocial o dispuesta a establecer vínculos. Más bien, la oxitocina parece actuar como un dial de volumen, subiendo y amplificando la actividad cerebral relacionada con lo que alguien ya está experimentando. Eso es esencialmente en lo que convergen muchos estudios recientes sobre la oxitocina".

A pesar de estas señales contradictorias, es innegable que la oxitocina desempeña un papel vital en el establecimiento y mantenimiento de las relaciones. Y todo empieza en un lugar: el cerebro. Una vez que el hipotálamo, una parte del cerebro que mantiene el equilibrio de las funciones internas del cuerpo, produce oxitocina, la hipófisis la segrega en el torrente sanguíneo. Desde allí, la oxitocina se dirige a la médula espinal o a otras partes del cerebro, dependiendo de su finalidad última.

Liberada en nuestro cerebro en las circunstancias adecuadas, la oxitocina tiene el poder de regular nuestras respuestas emocionales y comportamientos prosociales, como la confianza, la empatía, la mirada, los recuerdos positivos, el procesamiento de señales de vinculación y la comunicación positiva. comunicación positiva. Gracias a la oxitocina, tenemos una sensación tostada y tranquila siempre que estamos con las personas que nos importan. Y cuanto más participamos en estos comportamientos que nos hacen sentir bien, más oxitocina obtenemos; incluso podríamos decir que es adictiva.

La oxitocina también está relacionada con la serotonina y la dopamina. Este trío de neurotransmisores suele denominarse "hormonas de la felicidad", y con razón. En las condiciones adecuadas, trabajan en equipo para hacernos sentir mariposas. Cuando estamos con alguien que nos atrae o por quien nos preocupamos, nuestro cerebro libera dopamina, aumentan los niveles de serotonina, se produce oxitocina y, de repente, se produce el zumbido del que hablan las canciones de amor.

Para liberar oxitocina hace falta una cosa: otra persona. Aunque tradicionalmente se asocia con el sexo, la lactancia y el parto, casi cualquier forma de vínculo social o contacto físico positivo puede desencadenar oxitocina. Un estudio (realizado en chimpancés) descubrió incluso que compartir una comida funciona.

Los desencadenantes más comunes son:

- Contacto físico positivo (mimos, besos, abrazos, cogerse de la mano)
- Vínculos sociales (hablar, mirar a los ojos, reír)
- El sexo
- La lactancia materna
- El parto

Las mujeres suelen tener mayores niveles de oxitocina que los hombres. (Después de todo, es una hormona clave en el parto y la lactancia). Dejando a un lado las diferencias biológicas, hombres y mujeres comparten las experiencias con la oxitocina de la misma manera. Facilita el vínculo con los hijos, aumenta el apego romántico y desempeña un papel importante en la reproducción para ambos sexos.

La oxitocina no está solo en la cabeza. He aquí otras formas en las que hace que nuestro cuerpo funcione:

Llamar a la oxitocina la hormona del "amor" es una versión para mayores de la verdad científica. La oxitocina no solo induce los mimos, sino que desempeña un papel crucial en el propio sistema reproductor. Aunque el mecanismo exacto no está claro, se ha descubierto que el sexo estimula la liberación de oxitocina, que intensifica la erección, la eyaculación y los orgasmos. [9] La oxitocina también provoca contracciones musculares en el útero y la matriz, lo que ayuda a mover el esperma y aumenta las posibilidades de embarazo.

¿Otro desencadenante de la oxitocina? El parto. Cuando el cuello del útero y la vagina empiezan a ensancharse para el parto, se libera oxitocina y comienza una sensación familiar para las madres: las contracciones. Esto ayuda al bebé a descender y salir por el canal del parto.

La conexión entre los bebés y la oxitocina no termina ahí. La oxitocina estimula el "reflejo de bajada de la leche" en la lactancia, facilitando la salida de la leche.

Los efectos de la oxitocina en el comportamiento alimentario y el metabolismo se están estudiando cada vez más a fondo. Una serie de estudios recientes demuestra que la oxitocina reduce la actividad del hipotálamo, una zona del cerebro que controla el hambre, y aumenta la actividad en partes del cerebro relacionadas con el control de los impulsos.

Cuando se aumenta en condiciones de ausencia de estrés, *algunas investigaciones* (en ratas) sugieren que la oxitocina favorece el sueño al contrarrestar los efectos del cortisol, una hormona del estrés. Sin embargo, la investigación en este campo es limitada.

La buena noticia es que es fácil aumentar los niveles de oxitocina: todo se reduce a establecer vínculos y conexiones sociales. Puedes darte un *masaje*. Escuchar música. Abrazar a alguien. O acariciar a un perro (cualquiera sirve). Sin embargo, influir en los niveles de oxitocina de forma artificial es un poco más complicado. No se ha demostrado que ningún alimento o medicamento de venta libre en Estados Unidos aumente la oxitocina.[23]

La serotonina es un neurotransmisor que transmite mensajes entre las células nerviosas del cerebro (sistema nervioso central) y de todo el cuerpo (sistema nervioso periférico). Estos mensajes químicos le indican a tu cuerpo cómo debe funcionar.

La serotonina desempeña diversas funciones en el organismo, como influir en el aprendizaje, la memoria y la felicidad, así como regular la temperatura corporal, el sueño, el comportamiento sexual y el hambre. Se cree que la falta de suficiente serotonina influye en la depresión, la ansiedad, la manía y otros problemas de salud.

La serotonina se encuentra en el intestino. El 90% de la serotonina se encuentra en las células que recubren el tracto gastrointestinal. Se libera en la circulación sanguínea y es absorbida por las plaquetas. Solo un 10% se produce en el cerebro.

La serotonina se produce a partir del aminoácido esencial triptófano. Un aminoácido esencial significa que el cuerpo no puede producirlo. Debe obtenerse de los alimentos que consume.

La serotonina interviene en las funciones del organismo:

- **Estado de ánimo:** La serotonina regula el estado de ánimo en el cerebro. A menudo se la denomina la sustancia química natural del cuerpo que "nos hace sentir bien". Cuando los niveles de serotonina son normales, nos sentimos más concentrados, emocionalmente estables, felices y tranquilos. Los niveles bajos de serotonina están asociados a la depresión. Los medicamentos utilizados para tratar la ansiedad, la depresión y otros trastornos del estado de ánimo suelen tener como objetivo aumentar el nivel de serotonina en el cerebro.

- **Digestión:** La serotonina de su cuerpo se encuentra en su tracto gastrointestinal, donde ayuda a controlar su función intestinal y desempeña un papel en la protección de su intestino. El intestino puede aumentar la liberación de serotonina para acelerar la digestión y librar al organismo de alimentos irritantes o productos tóxicos. La serotonina también interviene en la reducción del apetito al comer.

- **Náuseas:** Las náuseas se desencadenan cuando la serotonina se libera en el intestino más rápidamente de lo que puede digerirse. El cerebro recibe el mensaje químico y lo percibe como náuseas. Los fármacos utilizados para reducir la sensación de náuseas y vómitos actúan sobre receptores de serotonina específicos del cerebro.

- **El sueño:** La serotonina, junto con otro neurotransmisor, la dopamina, desempeña un papel importante en la calidad del sueño (la calidad y la duración del sueño). El cerebro también necesita serotonina para producir melatonina, una hormona que regula el ciclo sueño-vigilia.

- **Curación de heridas:** La serotonina es liberada por las plaquetas de la sangre para ayudar a cicatrizar las heridas. También hace que los vasos sanguíneos más pequeños, las arteriolas, se estrechen, lo que ralentiza el flujo sanguíneo y favorece la formación de coágulos. Se trata de un proceso importante en la cicatrización de heridas.

- **Salud ósea:** Los niveles de serotonina pueden influir en la densidad de los huesos. Los niveles elevados de serotonina en el intestino pueden contribuir a debilitar los huesos, lo que puede provocar fracturas y osteoporosis.

- **Salud sexual:** La serotonina también interviene, junto con el neurotransmisor dopamina, en el deseo sexual.

Los niveles bajos de serotonina pueden estar asociados a problemas de salud, como:

- Depresión y otros problemas del estado de ánimo.
- Ansiedad.
- Problemas de sueño.
- Problemas digestivos.
- Comportamiento suicida.
- Trastorno obsesivo-compulsivo.
- Trastorno de estrés postraumático.
- Trastornos de pánico.
- Esquizofrenia.
- Fobias.

Los científicos aún tienen mucho que aprender sobre el papel de la serotonina en el organismo y en las enfermedades.

Un nivel bajo de serotonina suele tener más de una causa. Técnicamente, los niveles de serotonina son bajos porque:

- El organismo no produce suficiente serotonina.
- Su organismo no utiliza la serotonina de forma eficaz. Esto puede ocurrir si no tiene suficientes receptores de serotonina o si los receptores no funcionan como deberían.

Algunas formas de aumentar los niveles de serotonina son:

- Comer más alimentos que contengan triptófano.
- Recibir más luz solar.
- Tomar determinados suplementos.
- Hacer más ejercicio y reducir el nivel de estrés.

Muchos alimentos contienen triptófano de forma natural, el aminoácido a partir del cual se produce la serotonina. Puedes intentar aumentar tu nivel de serotonina comiendo alimentos que contengan triptófano, como:

- Salmón.
- Huevos.
- Queso.
- Pavo.
- Tofu.
- Piña.
- Frutos secos, avena y semillas.

El consumo de alimentos ricos en triptófano no aumenta necesariamente los niveles de serotonina por sí solo. Se trata de un proceso complejo. El cuerpo necesita carbohidratos para liberar insulina, necesaria para absorber los aminoácidos. Y aunque el triptófano llegue a la sangre, tiene que competir con otros aminoácidos para ser absorbido por el cerebro. Los científicos aún están estudiando cómo el consumo de alimentos que contienen triptófano aumenta los niveles de serotonina.

No exponerse lo suficiente a la luz solar puede provocar el *trastorno afectivo estacional* en algunas personas. Intenta tomar el sol entre 10 y 15 minutos al día para aumentar no solo los niveles de serotonina, sino también los de vitamina D. Si vives en una zona en la que no puedes recibir luz solar natural, considera la posibilidad de utilizar la fototerapia para obtener esa luz solar diaria necesaria.

Varios suplementos dietéticos y herbales también aumentan los niveles de serotonina. Entre ellos se incluyen:

- **Suplementos dietéticos:** Triptófano, probióticos y SAMe.
- **Suplementos herbales:** Pueden incluir ginseng, *hierba de San Juan*, ruda siria y nuez moscada.

Se sabe que el ejercicio regular aumenta los niveles de serotonina. Treinta minutos de *ejercicio aeróbico* cinco veces por semana más dos sesiones de entrenamiento de fuerza por semana pueden mejorar los trastornos del estado de ánimo y la salud del corazón.[24]

El último de la lista es el cortisol. Yo lo llamo la antítesis química. Producimos cortisol cuando nos sentimos mal como una señal para hacer frente a las emociones negativas. En otras palabras, el cortisol nos dice que actuemos para contrarrestar las emociones negativas. Ignorar las señales resulta en una liberación de aún más cortisol y más negatividad. Sí, el cortisol es responsable de la negatividad, pero es esencial para darle la vuelta a la situación. Por lo tanto. Desempeña un papel fundamental en nuestra felicidad y bienestar.

El cortisol es una hormona esteroide glucocorticoide que producen y liberan las glándulas suprarrenales, las glándulas endocrinas situadas encima de los riñones. El cortisol afecta a varios aspectos del organismo y ayuda a regular la respuesta del cuerpo al estrés.

Las hormonas son sustancias químicas que coordinan funciones opuestas en el organismo mediante el transporte de mensajes a través de la sangre hasta el organismo. a los órganos, la piel, los músculos y otros tejidos. Estas señales le indican al cuerpo qué hacer y cuándo hacerlo.

Los glucocorticoides son un tipo de hormona esteroide que suprime la inflamación en todos los tejidos corporales y controla el metabolismo de los músculos, la grasa, el hígado y los huesos. Los glucocorticoides también afectan a los ciclos de sueño-vigilia.

Las glándulas suprarrenales, también conocidas como glándulas suprarrenales, son pequeñas glándulas con forma de triángulo situadas encima de cada uno de los *riñones*. Forman parte de tu *sistema endocrino*.

El cortisol es una hormona esencial que afecta a todos los órganos y tejidos del cuerpo. Desempeña muchas funciones importantes, entre ellas:

- Regula la respuesta del organismo al *estrés*.
- Ayuda a controlar el consumo de grasas, proteínas e hidratos de carbono, es decir,
- el *metabolismo*.
- Suprime la *inflamación*.
- Regulación de la *presión arterial*.
- Regulación del *azúcar en sangre*.
- Ayuda a controlar el ciclo sueño-vigilia.

El organismo controla continuamente los niveles de cortisol para mantenerlos estables (homeostasis). Los niveles de cortisol por encima o por debajo de lo normal pueden ser perjudiciales para la salud.

El cortisol es ampliamente conocido como la "hormona del estrés". Sin embargo, tiene muchos efectos y funciones importantes en todo el organismo, aparte de regular la respuesta al estrés.

También es importante recordar que, biológicamente hablando, existen varios tipos de estrés, entre los que se incluyen:

- **Estrés agudo:** El estrés agudo se produce cuando se corre un peligro repentino en un breve periodo de tiempo. Por ejemplo, evitar por los pelos un accidente de coche o ser perseguido por un animal son situaciones que provocan estrés agudo.
- **Estrés crónico:** El estrés crónico (a largo plazo) se produce cuando se experimentan situaciones continuas que causan frustración o ansiedad. Por ejemplo, tener un trabajo difícil o frustrante o padecer una enfermedad crónica pueden causar estrés crónico.
- **Estrés traumático:** El estrés traumático se produce cuando se experimenta un suceso que pone en peligro la vida y provoca miedo y sensación de impotencia. Por ejemplo, experimentar un fenómeno meteorológico extremo, como un

tornado, o sufrir una guerra o una agresión sexual puede causar estrés traumático. En algunos casos, estos acontecimientos pueden provocar un *trastorno de estrés postraumático* (TEPT).

El cuerpo libera cortisol cuando se experimenta alguno de estos tipos de estrés.

Todos los tejidos del cuerpo tienen receptores de glucocorticoides. Debido a esto, el cortisol puede afectar a todos los sistemas de órganos de tu cuerpo, incluyendo:

- Sistema nervioso.
- Sistema inmunitario.
- Sistema cardiovascular.
- Sistema respiratorio.
- Sistema reproductor (femenino y masculino).
- Sistema musculoesquelético.
- Sistema tegumentario (piel, pelo, uñas, glándulas y nervios).

Más concretamente, el cortisol afecta al organismo de las siguientes maneras:

- **Regular la respuesta al estrés:** En momentos de estrés, el cuerpo puede liberar cortisol después de haber liberado sus hormonas de "lucha o huida", como la adrenalina, para que continúe en alerta máxima. Además, el cortisol desencadena la liberación de glucosa (azúcar) del *hígado* para obtener energía rápida en momentos de estrés.

- **Regula el metabolismo:** El cortisol ayuda a controlar cómo el cuerpo utiliza las grasas, las proteínas y los carbohidratos para obtener energía.

- **Suprime la inflamación:** En rachas cortas, el cortisol puede aumentar su inmunidad al limitar la inflamación. Sin embargo, si los niveles de cortisol son elevados de forma constante, el organismo puede acostumbrarse a tener demasiado cortisol en la sangre, lo que puede provocar inflamación y debilitar el sistema inmunitario.

- **Regulación de la tensión arterial:** No está clara la forma exacta en que el cortisol regula la tensión arterial en los seres humanos. Sin embargo, los niveles elevados de cortisol pueden causar hipertensión y los niveles inferiores a los normales pueden causar hipotensión.

- **Aumento y regulación del azúcar en sangre:** En circunstancias normales, el cortisol contrarresta el efecto de la insulina, una hormona que produce el *páncreas* para regular el azúcar en sangre. El cortisol aumenta el azúcar en sangre al liberar la glucosa almacenada, mientras que la insulina lo reduce. Un nivel crónicamente elevado de cortisol puede provocar un aumento persistente del *azúcar en sangre* (hiperglucemia). Esto puede causar *diabetes de tipo 2*.

- **Ayuda a controlar el ciclo sueño-vigilia:** En circunstancias normales, los niveles de cortisol son más bajos por la noche, cuando se va a dormir, y más altos por la mañana. por la mañana, justo antes de despertarse. Esto sugiere que el cortisol desempeña un papel importante en el inicio de la vigilia y en el ritmo circadiano del cuerpo.

El cuerpo dispone de un elaborado sistema para regular los niveles de cortisol.

El hipotálamo, una pequeña zona del cerebro que interviene en la regulación hormonal, y la *hipófisis*, una pequeña glándula situada debajo del cerebro, regulan la producción de cortisol en las glándulas suprarrenales. Cuando descienden los niveles de cortisol en sangre, el hipotálamo libera la hormona liberadora de corticotropina (CRH), que ordena a la hipófisis producir la hormona adrenocorticotrópica (ACTH). La ACTH estimula las glándulas suprarrenales para que produzcan y liberen cortisol.

Para tener unos niveles óptimos de cortisol en el organismo, el hipotálamo, la hipófisis y las glándulas suprarrenales deben funcionar correctamente.

En general, sin embargo, hay varias cosas cotidianas que puede hacer para tratar de reducir sus niveles de cortisol y mantenerlos en rangos óptimos, incluyendo:

- **Dormir bien:** Los problemas crónicos de sueño, como la apnea obstructiva del sueño, el insomnio o trabajar en un turno de noche, se asocian a niveles más altos de cortisol.
- **Hacer ejercicio con regularidad:** Varios estudios han demostrado que el ejercicio regular ayuda a mejorar la calidad del sueño y a reducir el estrés, lo que puede ayudar a disminuir los niveles de cortisol con el tiempo.
- **Aprende a limitar el estrés y los patrones de pensamiento estresantes**: Ser consciente de tu patrón de pensamiento, respiración, ritmo cardíaco y otros signos de tensión te ayudan a reconocer el estrés cuando comienza y pueden ayudarte a evitar que empeore.
- **Practica ejercicios de respiración profunda:** La respiración controlada ayuda a estimular el sistema nervioso parasimpático, el sistema de "descanso y digestión", que ayuda a reducir los niveles de cortisol.
- **Diviértete y ríete:** La risa favorece la liberación de endorfinas y suprime el cortisol. Participar en aficiones y actividades divertidas también puede fomentar la sensación de bienestar, lo que puede reducir los niveles de cortisol.
- **Mantén relaciones sanas:** Las relaciones son un aspecto importante de nuestras vidas. Tener relaciones tensas y poco saludables con los seres queridos o los compañeros de trabajo puede causar estrés frecuente y elevar sus niveles de cortisol.

El cortisol es una hormona esencial que afecta a varios aspectos del organismo. Aunque hay varias cosas que puedes hacer para tratar de limitar tu estrés y, por tanto, controlar tus niveles de cortisol. A veces tener niveles anormalmente altos o bajos de cortisol está fuera de tu control.[27]

Como puedes ver, todo el mundo tiene sustancias químicas en su interior que afectan a su bienestar físico y mental. Prestar atención a las señales que se producen es una oportunidad para reevaluarse y reequilibrarse para tener experiencias más positivas. Con una mayor concienciación y un estilo de vida más saludable, puedes mejorar drásticamente tu estado de ánimo, tus experiencias, tu concentración, tu productividad y tus posibilidades de éxito.

CAPÍTULO 11

El principal beneficio de trabajar con otros no es alcanzar un objetivo común.

"Nada es más caro que una oportunidad perdida".

–H. JACKSON BROWN JR.

Eran los años sesenta. Una época transformadora en la historia, con movimientos polarizadores en auge y acontecimientos monumentales que tenían lugar con frecuencia. Muchos se convirtieron en momentos imborrables de la historia de la humanidad.

Estaba la guerra de Vietnam, el movimiento por los derechos civiles, los asesinatos políticos, el amor libre y mucho más. Existe uno de los momentos más revolucionarios de la historia de la humanidad. Me refiero al Alunizaje del 20 de julio de 1969.

Yo era entonces un niño y estaba de vacaciones con mi familia visitando a mis abuelos en Miami, Florida. Puede ser difícil de creer, pero lo recuerdo más claro que ayer.

Recuerdo la habitación en la que nos sentamos y cada detalle de ella con una claridad impecable. El largo sofá dorado con cuatro secciones distintas de almohadas. Cada almohada tenía un ribete. El sofá estaba entre dos sillones de madera tapizados en oro. Las sillas tenían patas de madera oscura, cada una con inscripciones verticales alrededor de toda la pata. Los brazos de las sillas también estaban tallados y contorneados como olas para acomodar la posición perfecta del reposabrazos. El respaldo de las sillas se envolvía en un contorno de madera oscura burilada con respaldos acolchados tapizados en dorado.

La mesa de centro de madera tenía las patas buriladas y una tapa de cristal insertado, las lámparas tenían una base cuadrada de madera y un poste rectangular que se elevaba hasta una pantalla beige, y los cuadros de la pared eran los pintados por mi abuela, que era artista, y por supuesto, el televisor en blanco y negro encerrado en un mueble de madera de tonos medios colocado al otro lado de la pared con el sagrado fonógrafo de mi abuela también encerrado en un mueble de madera similar sentado al lado.

Me llama la atención lo mucho que ese acontecimiento influyó en mi memoria. Recuerdo que esperaba ansiosamente y vacilaba entre la duda de si era siquiera posible y la piel de gallina de la emoción. Era surrealista, y mientras esperábamos, cada miembro de la familia comentaba y compartía un pensamiento o un sentimiento.

Lo que quiero decir es que hay momentos que son monumentales.

Son la culminación de los esfuerzos de innumerables personas por alcanzar un objetivo común. Un objetivo que se considera la cumbre. Sin embargo, para quienes participan en esos proyectos, el principal beneficio de trabajar con otros no es alcanzar la cima o el objetivo común.

¿Por qué? Porque alcanzar la meta es una cosa, y una vez alcanzada, ¿qué es lo siguiente? El pináculo ha pasado, como la salida de una autopista, y seguimos adelante. Mañana llega un nuevo día. Vivimos el presente y miramos hacia el futuro.

Si eliges trabajar con los demás con el principal objetivo de alcanzar una meta común, te prometo que te sentirás tristemente decepcionado. Es fácil adoptar esa perspectiva porque ese es el discurso de ánimo que otros utilizan para vendernos su sueño.

No hay nada malo en unirse a un proyecto que merezca la pena, y te animo encarecidamente a que lo hagas. Lo que te sugiero es que tengas claros los beneficios reales que vas a recibir, porque una vez que alcances el objetivo y se acabe la fiesta, te quedarás mirando de frente a un nuevo día, sintiéndote como en el vacío.

La siguiente historia relacionada con el famoso Aterrizaje en la Luna pondrá las cosas en perspectiva. En vísperas del alunizaje, el presidente John F. Kennedy pasaba por los pasillos del Centro Espacial de la NASA en Houston. Se detuvo unos instantes para hablar con el conserje, que sostenía una escoba.

El Presidente Kennedy se presentó con su típico y característico estilo. "Hola, soy Jack...." Y procedió a preguntar al conserje qué estaba haciendo. El conserje respondió, "Estoy ayudando a poner un hombre en la luna". Él veía su trabajo como algo más que barrer pisos. Lo percibía como un papel en la llegada de un hombre a la luna y un gran salto para la humanidad.

En otras palabras, el conserje se sentía capacitado, lo cual es estupendo, ¡y debería ser así! Sin embargo, ¿qué tal el día después del alunizaje? Claro que el conserje podría presumir de ello. Pero siempre es un nuevo día, una nueva cima que alcanzar, y la gasolina del depósito solo dura un tiempo. A los demás solo se les impresiona durante un tiempo.

Ahora que se ha producido el acontecimiento, ¿qué beneficio real le queda al conserje? ¿Debería ser el objetivo del conserje barrer los suelos para ayudar a poner un hombre en la luna? Al ayudar a poner un hombre en la luna, ¿mejoró el conserje sus habilidades de barrido? Todas estas preguntas son válidas e importantes. Uno debe tener claro por qué hace lo que se propone.

Una persona pasa una media de más de 90.000 horas o un tercio de su vida trabajando. Es difícil sentirse realizado el resto de la vida si uno duda en ir a trabajar todos los días. Tienes que tener claro qué beneficios recibirás y cómo mejorarán tu vida, no solo tu carrera.

Lo obvio es encontrar un trabajo más significativo. Me refiero a encontrar un trabajo con un **propósito claro**. Está bien documentado que las personas que trabajan para organizaciones sin ánimo de lucro y empresas sociales están mucho más satisfechas con sus trabajos y más felices con sus vidas. Además, las ciencias sociales demuestran, categóricamente, que el sentido que encontramos en nuestro trabajo proviene de lo que recogemos de las experiencias que vivimos y tiene menos que ver con las tareas en sí.

La gente puede o no estar de acuerdo con mi comentario de que el principal beneficio de trabajar con otros no es alcanzar un objetivo común. Sin ir más lejos, hace poco le hice este comentario a un conocido en un viaje a Miami. Su respuesta inmediata fue con cara de amargura: "¿A quién le importa? La única razón para trabajar es ganar dinero. Ese es el único objetivo". No me sorprendió la respuesta, ni siquiera me inmutó el hecho de que el comentario proviniera de un graduado del MBA de Wharton.

Habiendo observado a esta persona durante varios años, era evidente que su existencia cotidiana de perseguir el dinero con la información que aprendió en la escuela aún no le ha proporcionado las recompensas financieras que deseaba o, lo que es más importante, ninguna felicidad. Rara vez sonríen, ríen, dedican tiempo a establecer relaciones personales significativas o comparten algo de valor con alguien.

En otras palabras, viven una vida de aislamiento en la que el dinero es lo más importante. Pasan el tiempo adulando a la gente con la que trabajan con la esperanza de que sus colegas les entreguen la fortuna que resuelva todos sus problemas.

Sin embargo, ha pasado más de una década y la fortuna aún no ha llegado. Y lo que es más importante, su existencia no es mejor que cuando empezaron. Aun así, se aferran a su codiciado Wharton como el billete dorado a la felicidad. Desgraciadamente, si tienen la suerte de darse cuenta de la recompensa económica, se darán cuenta de que les costó demasiado cara.

Otra persona que se tragó la gran ilusión de que la educación le llevaría al dinero que resolvería todos los problemas. De nuevo, la mitad de lo que aprendemos es falso, y aquí tenemos otro ejemplo. Si esta persona se hubiera enterado de las cinco cosas de mayor valor, habría sabido que el dinero está en último lugar y la información es la siguiente. Algo que no aprenderás en Wharton ni en ninguna otra escuela de negocios porque desvía la atención de su plan de estudios y de lo que tiene más valor en la vida.

Si quieres ver el valor de un título de MBA, pongámoslo en perspectiva. ¿Cuántos de los empresarios de más éxito del mundo tienen un MBA de Wharton? Adivínalo. Ahora dime cuántas de estas personas tienen un MBA, incluidos los de Wharton.

Los siguientes son actualmente los diez hombres más ricos del mundo y su formación universitaria.

1. Elon Musk estudió en la *Universidad de Queens*, en Ontario (Canadá), antes de trasladarse a la Universidad de Pensilvania.
2. Jeff Bezos estudió en la *Universidad de Princeton*.
3. Bernard Arnault asistió a la *École Polytechnique de Palaiseau*.
4. Bill Gates asistió a la *Universidad de Harvard* y la abandonó,
5. Larry Page *Universidad de Michigan* (BS) y *Universidad de Stanford* (MS).
6. Warren Buffet estudió dos años en la *Wharton Business School* y luego se licenció en Administración de Empresas en la *Universidad de Nebraska*. Posteriormente obtuvo un máster en Economía por la *Universidad de Columbia*.

7. Sergey Brin estudió en la *Universidad de Maryland, College Park* (BS), y luego en la *Universidad de Stanford* (MS)
8. Steve Balmer estudió en la *Universidad de Harvard* (BA)
9. Larry Ellison asistió a la *Universidad de Illinois, Urbana-Champaign* (sin título) – *Universidad de Chicago* (sin título)
10. *St.Xavier's College, Mumbai - Instituto de Tecnología Química* (B.E.) - *Universidad de Stanford* (abandono)

¿Cómo te ha ido? ¿Qué has notado? ¿Sorprendido? Sí, ¡ni una sola persona de la lista tiene un MBA de Wharton .... ni de ninguna otra universidad! Algunos de los hombres con más éxito económico abandonaron la universidad.

Sí, ¡es bueno recibir una educación! Sin embargo, el valor no está en la información que recibes mientras asistes. La información no es más que un puente hacia la siguiente cosa de mayor valor. ¿Y adivina qué? Esa información está disponible en todas partes, no solo en los centros de educación más cacareados. Explica cómo los diez hombres más ricos llegaron a la cima de la fortuna financiera sin el beneficio de un diploma lujoso.

Como observación, no todo el mundo está decidido a tener una vida rica. Es más importante una vida llena de positividad, asombro, emoción, éxito y felicidad.

A menudo la gente se conforma con vivir una vida limitante centrada en la ilusión de que el dinero lo curará todo y satisfará su ego de que han alcanzado el éxito e incluso la felicidad. Experimentan muchos altibajos y muy pocos, si es que los hay. Su crecimiento personal es escaso o nulo y su éxito mínimo, y se dan cuenta muy poco de sí mismos, y eso está perfectamente bien. Como se suele decir, "cada uno es diferente". O "eso es lo que lo convierte en una carrera de caballos".

En cualquier caso, sé que no es tu caso. A ti te gusta una hamburguesa o una pizza, pero quieres algo más ecléctico, exótico o de lujo. Te gusta más de un género o dos de música. Conversaciones superficiales sobre viaje y lo que comiste son solo la punta de la conversación. Conocer los detalles y la experiencia sensorial es donde reside la riqueza, y tú la quieres.

Para ti, las cosas no son blancas o negras. Hay muchos matices de gris, y puedes apreciar muchos de ellos, si no todos. Como ves, el mañana es prometedor y estás deseando enfrentarte a él con positivismo e incluso con una sonrisa. Y yo quiero que experimente exactamente eso.

Comprender por qué el principal beneficio de trabajar con otros no es alcanzar un objetivo común, como las recompensas económicas, es poderoso. Aprender el verdadero beneficio de por qué debemos trabajar con otros es igualmente poderoso. Te dará poder y te motivará, y te mantendrá centrado para que puedas lograr lo que deseas. Y ahora estás más cerca de conseguirlo.

Entonces, ¿por qué trabajamos con otros si no es principalmente para lograr un objetivo común? Es más fácil si empezamos por preguntarnos por qué trabajamos juntos en primer lugar. Estas respuestas son más obvias. Por ejemplo, necesitamos un trabajo para pagar nuestras facturas, y parte de ese trabajo consiste en colaborar con otros para lograr un objetivo común. Ahí, la pregunta está respondida para que podamos ganar dinero. Lol. Claro, supongo que sí, pero ¿es tan sencillo?

Digamos que te ofrecen 100.000 dólares por trabajar con un grupo de cuatro personas durante unas horas. Todo lo que se te pide es completar una tarea simple. La tarea consiste en empujar un Jeep atascado a través de la cuenca de la selva durante una milla hasta la carretera principal, donde serás recibido por un remolque de plataforma que llevará el vehículo a ser reparado. ¿Es fácil?

Claro, ¡no hay problema! Oh, el camino por el que tú y tu equipo pasarán está cubierto de serpientes de todos los tamaños. Y no tendrás nada que hacer frente a este desafío. ¿Sigues dispuesto a la tarea? Recibirás 100.000 dólares.

Si eres como la mayoría de la gente, la respuesta será un rotundo no. Sin embargo, no todo el mundo respondería que no. Y no es porque no tengan miedo. Están dispuestos a pasar por la experiencia para obtener la recompensa porque saben que ganarán algo más valioso que el dinero.

En otras palabras, es un reto que están dispuestos a aceptar porque lo que recibirán, si tienen éxito, es igual de valioso, si no más, que el dinero. ¿Quieres adivinar qué es más valioso que el dinero?

Deja el miedo a un lado por un momento y piensa en ello. Si la calzada estuviera despejada y se tratara de ejercer fuerza física colectivamente para llevar el vehículo a la calzada, podrías decir, claro, lo intentaré. Y, si tú y el equipo tuvieran éxito, obtendrías tu recompensa económica.

Ahora, dime cómo crees que te sentirías en ese momento, sabiendo que lo has conseguido. ¿Experimentarías satisfacción, mayor confianza, alegría, felicidad o incluso dicha? ¿Cuánto valor tendría ese logro? ¿Crees que seguirías experimentando esos sentimientos una vez gastado el dinero?

Por eso tendrás que realizar la tarea con el reto que te planteé al principio. Ahora debes enfrentarte a tu miedo, ver de qué estás hecho y decidir si estás preparado para el reto. ¿Y si dices que sí? ¿Y si lo consigues? ¿Cuánto valor tendrá para ti la experiencia? ¿Valdrá menos de 100.000 dólares, lo mismo o más? En cualquier caso, estoy seguro de que estarás de acuerdo en que vale más que simplemente empujar el vehículo por la selva sin serpientes de por medio.

En el ejemplo anterior, ¿cuál es el reto? ¿Empujar el jeep o enfrentarse a las serpientes? Luchar contra las serpientes. Es un reto mental, no un reto físico, y saber que puedes superar tus dudas y miedos tiene un valor mucho mayor porque afectará a la forma en que avances en tu vida. Por el contrario, conseguir los 100.000 dólares puede afectar a tu vida a corto plazo, pero el efecto no durará más que el conocimiento y la sabiduría que hayas obtenido de la experiencia.

¿Qué tal un ejemplo de la vida real? Sí, una de las personas más ricas del mundo entero no pudo ganar dinero al principio. La primera empresa de Bill Gates, Traf-O-Data (un dispositivo que podía leer cintas de tráfico y procesar los datos), fracasó estrepitosamente. Cuando Bill y su socio, Paul Allen, intentaron venderla, el producto ni siquiera funcionaba. Sin embargo, Bill y Paul no dejaron que eso se interpusiera en su camino hacia el éxito. En una entrevista, Paul Allen explicó que el fracaso les ayudó: *"Aunque Traf-O-Data no fue un éxito rotundo, fue fundamental para prepararnos para hacer del primer producto de Microsoft un par de años después"*. Los conocimientos adquiridos tuvieron un valor incalculable, porque les llevaron a convertirse en los hombres más ricos del mundo, incluso décadas después.

¿Sabías que una de las preguntas más frecuentes en una entrevista de trabajo es que describas un reto al que te enfrentaste y cómo lo superaste? Los empresarios conocen el valor de las personas dispuestas a asumir un reto, de las que no tienen miedo a fracasar porque comprenden el valor de lo que aprenderán de la experiencia y de las que harán un esfuerzo adicional para alcanzar el objetivo.

La próxima vez que se te presente la oportunidad de trabajar con otros para lograr un resultado común, piensa en tu motivación. ¿Por qué es bueno preguntarte por tu motivación?

Como explico detalladamente en mi libro anterior, la motivación es un componente clave para alcanzar el éxito. Hay dos tipos de motivación. Ya hablamos de ellos en mi ejemplo anterior de empujar el Jeep a través de la selva.

En primer lugar, está la Motivación Externa. Como su nombre indica, es cuando estás motivado por alguna fuerza externa. Por ejemplo, una recompensa de algún tipo, como dinero. En los experimentos de Pavlov, era la comida.

A veces, la motivación externa puede ser una herramienta eficaz. Te daré un ejemplo rápido. Hace muchos años, estaba patinando con mis dos hijos, que entonces tenían siete y ocho años. Estábamos en Aspen, Colorado, en el Río Grande Grande. El sendero tiene 42 millas de largo y va de Aspen a Glenwood Springs.

Estábamos a unos 16 km de casa y mi hijo pequeño dijo que estaba agotado y que necesitaba descansar. Nos detuvimos y descansamos un rato, y luego declaró que era incapaz de patinar de vuelta a casa. Por desgracia, el sendero está en el bosque, y el río Roaring Fork divide el sendero de cualquier acceso a la carretera, que está bastante lejos del río.

En otras palabras, la única forma de volver a casa era patinando. Sabiendo que mi hijo tiene debilidad por los helados, le dije que si patinaba al menos hasta el pueblo, le compraría el helado más grande que pudiera comerse en Boogie's Diner. Era su comida favorita en su restaurante favorito y era difícil rechazarla.

Se le iluminaron los ojos, pero seguía dudando de poder hacer el viaje. Le sugerí que intentáramos volver patinando despacio y descansando las veces que hiciera falta. Empezamos a patinar y lo único de lo que hablábamos mi hijo mayor y yo era de lo estupendo que iba a ser tomar un helado en Boogie's. Mencionamos los distintos sabores, combinaciones y otros deliciosos helados. Mencionamos los distintos sabores, combinaciones de helados y otras delicias de Boogie's. Como seguro adivinarás, al final lo hicimos en Boogie's.

Ahora, en lugar del helado de Boogie's, le ofrecí un sándwich de pollo. No habríamos llegado ni a una milla y mucho menos a 10. El punto es que la comida era la motivación externa. Y tenía que ser suficiente para obtener el resultado deseado. También implementamos la visualización para mantenerlo enfocado.

A veces, la recompensa es insuficiente. Por ejemplo, si hubieras estado solo, sin nadie que te hablara y te animara, es posible que te hubieras rendido. Normalmente, la motivación externa fracasa porque las personas reevalúan el camino y deciden que la recompensa no es suficiente para el esfuerzo.

Por otro lado, tenemos la motivación interna. La motivación interna es una fuerza mucho más poderosa y proviene del interior de uno mismo. Utilizando el mismo ejemplo, si mi hijo temiera que fuéramos vulnerables al ataque de animales salvajes pensando en su propia supervivencia, su nivel de motivación superaría con creces su motivación por un helado.

Acceder a la motivación es algo muy poderoso. Es una herramienta inestimable para comprender. Aporta una claridad que aumentará tus posibilidades de éxito. Siempre es beneficioso cuestionarse la motivación antes de lanzarse a cualquier aventura.

Aún más poderoso que la motivación es el propósito. Al igual que ocurre con la motivación, si tu propósito no está alineado con las tareas que tienes ante ti, la probabilidad de que termines o produzcas resultados de calidad es baja. Por lo tanto, al considerar la posibilidad de unirte a un proyecto de grupo, considera siempre si tu propósito y motivación están en consonancia con el proyecto.

Te imploro que recuerdes que el principal beneficio de trabajar con otros es conseguir algo más grande que uno mismo. Ten siempre presente tu motivación, tu propósito y los beneficios que puedes obtener. Cuando encuentres un proyecto que se alinee con tu propósito y motivación, experimentarás estados mentales elevados, mayores oportunidades, refuerzo positivo, así como un considerable e inestimable crecimiento personal. ¿No son estas cosas importantes para ti?

CAPÍTULO 12

Un instante de cambio puede transformar una vida para siempre.

"El cambio es duro al principio, desordenado en el medio y hermoso al final".

—ROBIN SHARMA

En un instante, se emitió un diagnóstico y una sentencia de muerte. "Siento mucho decirle que le quedan unos cuatro meses de vida", dijo el médico. Nunca olvidaré esas palabras.

Me quedé atónito. ¡Conmoción! ¡Pena! ¡Ansiedad!

Una sensación como de ola que se me hunde directamente en el estómago, mareos y unas intensas ganas de vomitar. Vi el suelo delante de mí y estuve a punto de darme contra él. Sin embargo, pude alcanzar el pupitre contiguo para amortiguar la caída. De lo contrario, con toda seguridad me habría dado de bruces contra él.

¿Por qué? ¿Cómo es posible? ¿Por qué no me di cuenta antes? ¿Cómo ha podido ocurrir? ¿Está ocurriendo realmente? ¿Qué carajo? ¿Qué puedo hacer?

¿Por qué, por qué, por qué? Las preguntas se agolpaban en mi mente a la velocidad de la luz. Nada tenía sentido. Excepto que estaba entumecido.

El médico continuó: "Es una forma rara de cáncer. Un cáncer que no solo es raro en los niños, sino casi inaudito en los adultos. Tan raro que no se ha investigado para tratarlo. Me temo que no hay nada que se pueda hacer en este momento".

Estaba por todas partes. En la cadera, en todos los músculos de la espalda hasta el cuello y un tumor en la ingle. La imagen de la radiografía era totalmente negra desde los residuos hasta el cuello, y no se podía hacer nada.

Viví esta pesadilla con mi hijo. Entonces tenía 23 años. Estaba tan medicado que ni siquiera reaccionó. No estaba seguro de que supiera que le estaban hablando a él en vez de a mí. Parecía que habían pasado muchos minutos hasta que mi hijo preguntó: "¿Y ahora qué hacemos?".

El médico nos indicó que visitáramos al mejor oncólogo del centro oncológico mejor considerado de Seattle. "El oncólogo les informará de los siguientes pasos cuando lleguen allí". Y así lo hicimos. Nos levantamos, cogimos un taxi y salimos pitando a verle. Tuvo la amabilidad de hacernos un hueco en su apretada agenda.

Como era de esperar de un médico que ve la muerte a diario, estaba muy tranquilo y sereno. Nuestro saludo fue breve. Empezó a revisar las imágenes y los informes sin perder un segundo. Nos sentamos mientras examinaba detenidamente todo lo que teníamos delante y luego se tomó un momento para ordenar sus pensamientos.

"Siento mucho verle en este estado. No hay nada que podamos hacer para librarle completamente del cáncer debido a cómo se ha extendido. Recomiendo que le operemos para extirparlo de la cadera y de algunos músculos, y espero que así gane algo de tiempo".

"¿Cuánto tiempo?", preguntó mi hijo.

"Me temo que no lo sé. Quizá varios meses más, pero es difícil saberlo porque la cirugía no detendrá el cáncer, que no podemos extraer", respondió el médico.

"*¿Qué coño?*" pensé.

"Doctor, ¿puede explicarnos qué tiene en mente?" pregunté.

"Bueno, yo haría un reemplazo de cadera, extraería porciones de los músculos más grandes, y trataría de raspar lo que pueda del tejido muscular restante. Esperemos que, con algo de quimioterapia, te consiga colectivamente algo más de tiempo. Sin embargo, debo advertirte que su capacidad para caminar se verá afectada debido a la cirugía. Puede que incluso necesites una silla de ruedas para moverte".

"¡Debes estar de broma! ¿Eres un sádico o qué?" No lo dije, pero lo estaba pensando. Estaba que echaba humo y a punto de explotar. Me contuve, me volví a sentar en la silla y respiré hondo para recomponerme.

Mi hijo me preguntó: "¿Qué hago ahora?" El médico dijo: "Tienes que operarte. Quiero que sigas a mi enfermera a la sala de operaciones para que te instalen un puerto en la parte superior del pecho. Lo necesitarás para varias cosas, como la quimioterapia y otros líquidos que recibirás".

Mi hijo contestó: "De acuerdo".

Eso era todo lo que necesitaba oír. "Gracias, doctor, pero ha sido un día muy largo y mi hijo necesita descansar. Le traeré a primera hora de la mañana y entonces podrán instalarle el puerto". Tras una resistencia considerable y un rápido ir y venir, el médico accedió.

¡Tiene que haber una opción! ¡Tiene que haber una opción! ¡Tiene que haber una opción! Era mi mantra del momento. Deja de centrarte en el problema y piensa en soluciones. Y, con ese pensamiento, eso es exactamente lo que hice. Inmediatamente me sentí obligado a llevarlo a Los Ángeles para una segunda opinión.

Los dos estábamos agotados, pero se nos acababa el tiempo. Me apresuré a llevar a mi hijo al aeropuerto y coger el primer vuelo disponible. Nos acomodamos en el avión mientras la tripulación se adelantaba por radio para hacer los preparativos para recibirnos, y él se desmayó.

De nuevo, las preguntas del por qué empezaron a correr por mi cerebro junto con la adrenalina que me mantenía despierta a pesar de llevar días sin dormir. La tripulación me consoló repetidamente mientras yo luchaba por encontrar una solución.

Al final llegamos y nos bajaron del avión directamente a mi coche. Fue una noche corta pero larga para mí, y la mañana llegó rápidamente. Llegamos al Cedars Sinai a las 7 de la mañana y nos reunimos con el mejor cirujano oncológico. Pude concertar una cita de camino al aeropuerto de Seattle la noche anterior.

El cirujano nos dijo que en casos como el de mi hijo, la cirugía es un fracaso el 95% de las veces, y que el 5% restante da resultados mínimos. En sus propias palabras, "si fuera mi hijo, no le operaría en absoluto. Es mejor que disfrute de los días que le quedan "como está" en lugar de tener que someterse a varias operaciones y tratar de recuperarse de ellas con el mismo resultado final. Lo siento mucho, pero le sugiero que disfrute de los meses siguientes".

"Si no cambias nada, nada cambiará"

— ALBERT EINSTEIN

"La vida solo cambiará cuando te comprometas más con tus sueños que con tu zona de confort".

— BILLY COX

"Un sabio cambia de opinión, un tonto nunca lo hará".

— PROVERBIO ESPAÑOL

¡¿Consideras Esto?!

"Cambia la forma en que miras las cosas y las cosas que miras cambian".

—WAYNE DYER

"Aquellos que no pueden cambiar de opinión no puede cambiar nada"

— GEORGE BERNARD SHAW

"Locura es hacer lo mismo una y otra vez y esperar resultados diferentes".

— ALBERT EINSTEIN

Un instante de cambio puede transformar una vida para siempre. El concepto es sencillo. Piensa en Marilyn Monroe, Robin Williams, Sylvia Plath, Kurt Cobain, Kate Spade, Anthony Bourdain, Avicii, Chris Cornell, Hunter S. Thomas y L'Wren Scott.

¿Qué tienen todos ellos en común? Correcto, ¡el suicidio! En un instante, cada uno decidió, actuó y puso fin a su vida. ¿Ves lo profundo que puede ser el cambio? Se acabó la vida.

Es un ejemplo duro, pero esa es la cuestión. El cambio puede ser duro, definitivo, drástico, perturbador y un sinfín de cosas más. En algunos casos, el resultado del cambio es negativo, y en otros positivo.

Las personas que toman decisiones que les cambian la vida en un instante cambian el curso y los resultados de sus vidas.

Robert John Downey Jr. es un actor y productor estadounidense. Su carrera se ha caracterizado por el éxito de crítica y Su carrera se ha caracterizado por el éxito de crítica y público en su juventud, seguido de un periodo de *abuso de sustancias* y problemas legales.

A los 5 años debutó como actor en la película *Pound*, de su padre *Robert Downey Sr*, en 1970. Posteriormente trabajó con el *Brat Pack* en las películas para adolescentes *Weird Science* y *Less Than Zero*. En 1992, Downey interpretó al personaje principal de la película biográfica *Chaplin*, por la que fue nominado al *Oscar al mejor actor* y ganó un *premio*

BAFTA. Tras una temporada en el *Corcoran Substance Abuse Treatment Facility* acusado de *consumo de drogas*, se incorporó a la serie de televisión *Ally McBeal*, por la que ganó un *Globo de Oro*. Fue despedido de la serie por cargos de drogas en 2000 y 2001. Permaneció en un programa de tratamiento de drogas por orden judicial y mantuvo su sobriedad desde 2003.

Desde que Downey decidió mantenerse sobrio, protagonizó muchas películas, entre ellas *Tropic Thunder*, por la que fue nominado al *Oscar al mejor actor de reparto*. Downey obtuvo reconocimiento mundial por protagonizar a *Tony Stark* en diez películas dentro del *Universo Cinematográfico Marvel*, comenzando con *Iron Man* y llegando hasta Vengadores: *Endgame*. También ha interpretado al personaje principal en *Sherlock Holmes, de Guy Ritchie*, que le valió su segundo Globo de Oro.

Downey declaró a *Oprah Winfrey* en noviembre de 2004 que "cuando alguien dice: "Me pregunto si no debería ir a rehabilitación" ... Bueno, estás hecho polvo, acabas de perder tu trabajo y tu mujer te ha dejado. Quizá quieras intentarlo". Añadió que después de su último arresto en abril de 2001, cuando supo que se enfrentaría a otro ingreso en prisión u otra forma de encarcelamiento, como la rehabilitación ordenada por un tribunal, dijo: "¿Sabes qué? No creo que pueda seguir haciendo esto". Pedí ayuda y me puse manos a la obra. Puedes pedir ayuda a medias, la recibirás y no la aprovecharás. No es tan difícil superar estos problemas aparentemente espantosos... lo difícil es decidirse a hacerlo.

En 2008, Downey protagonizó dos películas de gran éxito comercial y de crítica, *Iron Man* y *Tropic Thunder*.

Iron Man se estrenó mundialmente, recaudando más de 585 millones de dólares en todo el mundo y recibiendo críticas muy favorables que citaban la actuación de Downey como uno de los aspectos más destacados de la película.

Tropic Thunder obtuvo 26 millones de dólares en su fin de semana de estreno en Norteamérica y conservó el primer puesto durante sus tres primeros fines de semana de exhibición. La película recaudó 180 millones de dólares en los cines antes de su lanzamiento en vídeo doméstico el 18 de noviembre de 2008. Downey fue nominado al *Oscar al mejor actor de reparto* por su interpretación de Lazarus.

El primer papel que Downey aceptó después de *Iron Man* fue el *personaje principal* de *Sherlock Holmes*, de Guy Ritchie. *Warner Bros*. La película batió varios récords de taquilla en Estados Unidos para un estreno el día de Navidad, superando al anterior poseedor del récord, *Marley y yo*, de 2008, en casi 10 millones de dólares, y quedó segunda tras *Avatar* en un fin de semana de Navidad de récord de taquilla.

Downey volvió a encarnar a Tony Stark en la primera de las dos secuelas previstas de *Iron Man, Iron Man 2*, que se estrenó en mayo de 2010. *Iron Man 2* recaudó más de 623 millones de dólares en todo el mundo. El otro estreno comercial de Downey en 2010 fue la *comedia de carretera Due Date*. La película, coprotagonizada por *Zach Galifianakis*, se estrenó en noviembre de 2010 y recaudó más de 211 millones de dólares en todo el mundo.

En 2012, Downey volvió a interpretar el papel de *Tony Stark en Los Vengadores*. La película recibió críticas positivas y tuvo un éxito fenomenal en taquilla, convirtiéndose en la tercera película más taquillera de todos los tiempos tanto en Estados Unidos como en el resto del mundo.

Downey volvió a interpretar a Tony Stark en *Iron Man 3 (2013), Los Vengadores: La era de Ultrón (2015), Capitán América: Civil War (2016), Spider-Man: Homecoming (2017), Vengadores: Infinity War (2018), Vengadores: Endgame (2019)* y tres de sus escenas de las primeras Vengadores y *Vengadores:*

Downey dice que ha estado libre de drogas desde julio de 2003 y le dio crédito a su esposa por ayudarlo a superar sus hábitos de drogas y alcohol, junto con su familia, terapia, *meditación, programas de recuperación de doce pasos, yoga* y la práctica de *kung fu Wing Chun*.

Cuando le preguntaron en el programa *The Oprah Winfrey Show* por qué había conseguido mantenerse sobrio esta vez, Downey dijo: "En realidad no es tan difícil superar estos problemas aparentemente espantosos. Lo difícil es decidirse a hacerlo".[26]

El grupo de rap N.W.A. estaba formado por los miembros originales Ice Cube (O'Shea Jackson), Dr. Dre (Andre Young), Eazy-E (Eric Wright), DJ Yella (Antoine Carraby) y MC Ren (Lorenzo Jerald Patterson). El primer álbum del grupo clamaba contra la brutalidad policial, el racismo y la injusticia.

El Dr. Dre empezó como DJ de World Class Wreckin' Cru en la década de 1980. Se puso al micrófono en N.W.A., haciendo malabarismos con las rimas y las tareas de producción. Aparte de NWA, Dre también produjo para otros artistas de Ruthless. Más tarde se enemistó con Eazy-E y Ice Cube. Tras enemistarse con el grupo, Dre abandonó NWA y cofundó Death Row Records con Suge Knight.

Dre abandonó Death Row para fundar su imperio musical, Aftermath Entertainment. Allí fichó a Eminem y ayudó a lanzar las carreras de 50 Cent, The Game y, más recientemente, Kendrick Lamar. Dre también cofundó Beats by Dre con Jimmy Iovine. Le siguió el servicio de streaming de música Beats Music. En 2015, Dre vendió Beats Electronics a Apple por 3.000 millones de dólares. Dre se embolsó unos 600 millones con la venta. El acuerdo situó instantáneamente a Dre como el rapero vivo más rico.

Ice Cube empezó en un grupo llamado C.I.A. Después fue miembro fundador de N.W.A. (parece que a Cube le gustan las siglas). A pesar de su sospechoso rizo de Jheri, Cube no paraba de hacer ruido. Escribía rimas para otros miembros del grupo. Escribió "Boyz-N-the-Hood" de Eazy-E y contribuyó a la mayor parte de Eazy-Duz-It.

Tras abandonar NWA, Cube emprendió una notable carrera en solitario. Sus dos primeros discos en solitario, AmeriKKKa's Most Wanted (1990) y Death Certificate (1991), están considerados dos de los mejores álbumes de hip-hop de todos los tiempos. También se asoció con WC y Mack 10 para formar Westside Connection a mediados de los 90. El grupo produjo dos álbumes: Westside Connection y Westside Connection. El grupo produjo dos álbumes: Bow Down (1996) y Terrorist Threats (2003).

Si descubriste a Ice Cube en la década de 2000, primero le conoces como actor. Cube siempre ha tenido un pie en el estudio y otro en el set de rodaje. Ha protagonizado grandes películas, como Boyz n the Hood (1991), Barbershop (2002), ¿Ya hemos llegado? (2005) y 21 Jump Street (2011).

Yella ascendió con Dr. Dre en la época de World Class Wreckin' Cru. Se unió a NWA y compartió tareas de producción con Dre. También produjo discos para varios raperos de Ruthless. Yella se lanzó en solitario en 1996. Poco después, se retiró de la música.

Yella dirigió películas para adultos. Desde entonces no se ha retirado y está trabajando en un nuevo proyecto.

MC Ren (alias el Villano Despiadado, alias El Villano de Negro) fue miembro de NWA desde 1987 hasta el colapso del grupo en 1991. Tras la marcha de Cube y Arabian Prince, Ren pasó a desempeñar un papel más importante en el grupo. Tuvo una participación destacada en Eazy-Duz-It, en más de la mitad de las canciones. Tras la desastrosa ruptura de NWA, Ren se quedó con Eazy-E y publicó álbumes en solitario en Ruthless que tuvieron un éxito moderado.

Después de NWA, Ren se lanzó a la producción cinematográfica. En 2004, estrenó una película independiente, directa a DVD, Lost in the Game. Desde entonces, Ren se ha retirado de la música, aunque sigue haciendo cameos de vez en cuando.

Arabian Prince es uno de los miembros menos conocidos de N.W.A. Probablemente porque desempeñó un papel secundario y abandonó el grupo antes de tiempo. Prince, un productor capaz y DJ, estuvo ahí desde el principio. Se marchó poco después del debut del grupo, Straight Outta Compton (1988). Tras el regreso de Ice Cube del Instituto Tecnológico de Phoenix en 1988, Prince supo que quedaría reducido a un papel secundario. Emprendió una carrera en solitario, que comenzó con Brother Arab (1989).

Tras su marcha, Arabian Prince se enfrentó a N.W.A. en los tribunales durante años para reclamar sus derechos de autor. En la actualidad, actúa bajo el apodo de Professor X. Es uno de los pilares del electro-rap y pincha regularmente en clubes locales de Los Ángeles.

Nacido y criado en Compton, Eazy-E utilizó el dinero que ahorró vendiendo droga para lanzar Ruthless Records. Al final, Eazy tuvo problemas con Ice Cube y Dr. Dre. Los otros miembros fundadores acusaron a Eazy de apropiarse indebidamente de los fondos del grupo. Su carrera en solitario no fue nada mal: su primer disco en solitario, Eazy-Duz-It (1988), fue doble platino.

Después de N.W.A.: Eazy tuvo una breve carrera en solitario antes de sucumbir a complicaciones relacionadas con el sida en 1995. Ha sido Sus compañeros le han dedicado canciones de rap. El 7 de abril es el Día de Eazy-E en Compton, California.

Si no has visto la película que documenta su trayectoria, te la recomiendo encarecidamente, Straight Outta Compton. La película demuestra cómo incluso en las peores circunstancias, como en la historia de Oprah, en un instante todo puede cambiar y producir resultados extraordinarios.

Lo siento, ¡pero no lo haré! Algo que todos los padres oyen repetidamente a sus hijos en un momento u otro. No suena profundo ni poderoso. Suena grosero y molesto.

Sin embargo, cuando Rosa Louise McCauley Parks hizo esa declaración, sacudió a la sociedad y cambió el curso de la historia de Estados Unidos. Rosa nació el 4 de febrero de 1913 y fue una *activista* estadounidense del *movimiento por los derechos civiles*, más conocida por su papel fundamental en el *boicot de autobuses de Montgomery*. *El Congreso de Estados Unidos* la ha honrado como "la primera dama de los derechos civiles" y "la madre del movimiento por la libertad".

Fue el 1 de diciembre de 1955, en *Montgomery, Alabama*, cuando Parks rechazó la orden del conductor de autobús *James F. Blake* de desocupar una fila de cuatro asientos de la sección *"de color"* en favor de un pasajero blanco una vez que se llenara la sección "blanca". Parks no fue la primera persona en resistirse a la segregación en los autobuses, pero la *Asociación Nacional para el Progreso de las Personas de Color* (NAACP) creyó que era la mejor candidata para salir airosa de un desafío judicial tras su detención por *desobediencia civil* al violar las leyes de segregación de Alabama, y ayudó a inspirar a la comunidad negra a boicotear los autobuses de Montgomery durante más de un año. El caso quedó empantanado en los tribunales estatales, pero el pleito federal de los autobuses de Montgomery, *Browder contra Gayle*, concluyó en noviembre de 1956 con la decisión de que la segregación en los autobuses es inconstitucional en virtud de la Cláusula de Igual Protección de la 14ª Enmienda de la Constitución de Estados Unidos.

Los actos de rebeldía de Parks y el boicot de autobuses de Montgomery se convirtieron en importantes símbolos del movimiento. Se convirtió en un icono internacional de la resistencia a la *segregación racial* y organizó y colaboró con líderes de los derechos civiles, entre ellos *Edgar Nixon* y *Martin Luther King Jr*. Por aquel entonces, Parks trabajaba como costurera en unos grandes almacenes locales y era secretaria de la sección de Montgomery de la NAACP. Había asistido recientemente a la *Highlander Folk School,* un centro de *Tennessee* para la formación de activistas por los derechos de los trabajadores y la igualdad racial. Aunque en años posteriores recibió muchos honores, también sufrió por sus actos: fue despedida de su trabajo y recibió amenazas de muerte durante años. Poco después del boicot, se trasladó a *Detroit*, donde encontró brevemente un trabajo similar. De 1965 a 1988 fue secretaria y recepcionista de *John Conyers*, *representante* afroamericano en Estados Unidos. También participó activamente en el movimiento *Black Power* y apoyó a los presos políticos en Estados Unidos.

El 12 de junio de 1987, el *Presidente Ronald Reagan* se situó a solo 100 metros de la barrera de hormigón que dividía Berlín Oriental y Occidental y pronunció algunas de las palabras más inolvidables de su presidencia: "Sr. Gorbachov, derribe este muro".

Cuando Reagan viajó a Berlín, Alemania, para conmemorar el 750 aniversario de la fundación de la ciudad, el *Muro de Berlín* había dividido la ciudad en dos durante casi 26 años. Construido y cerrado oficialmente el 12 de agosto de 1961 para impedir que los alemanes orientales descontentos huyeran de las privaciones relativas de su país hacia una mayor libertad y oportunidades en Occidente, el muro era algo más que una barrera física. También fue un símbolo vivo de la batalla entre comunismo y democracia que dividió Berlín, Alemania y todo el continente europeo durante la *Guerra Fría*.

Los orígenes del muro se remontan a los años posteriores a la *Segunda Guerra Mundial*, cuando la *Unión Soviética* y sus aliados occidentales dividieron Alemania en dos zonas de influencia que se convertirían en dos países separados: la República Democrática Alemana (Alemania Oriental) y la República Federal de Alemania (Alemania Occidental). La capital, Berlín, también se dividió en dos.

Durante la década siguiente, aproximadamente, 2,5 millones de alemanes orientales -incluidos muchos trabajadores cualificados, intelectuales y profesionales- utilizaron la capital como ruta principal para huir del país, especialmente después de que se sellara oficialmente la frontera entre Alemania Oriental y Occidental en 1952.

Para detener este éxodo masivo, el gobierno de Alemania Oriental cerró el paso entre las dos Berlinas durante la noche del 12 de agosto de 1961. Lo que empezó como una alambrada de espino, vigilada por guardias armados, pronto se fortificó con Lo que empezó como una alambrada de espino, vigilada por guardias armados, pronto se fortificó con hormigón y torres de vigilancia, rodeando completamente Berlín Occidental y separando a los berlineses de ambos lados de sus familias, trabajos y las vidas que habían conocido antes. Durante los 28 años siguientes, miles de personas arriesgaron sus vidas para escapar de Alemania Oriental a través del Muro de Berlín, y unas 140 *murieron en el intento*.

A pesar de su fama posterior, el discurso de Reagan recibió inicialmente escasa cobertura mediática y pocos elogios en su momento. Los expertos occidentales lo consideraron un idealismo equivocado por parte de Reagan, mientras que la *agencia de noticias soviética Tass lo calificó* de "abiertamente provocador" y "belicista". Y el propio Gorbachov *dijo a un público estadounidense años más tarde*: "Realmente no nos impresionó. Sabíamos que la profesión original del Sr. Reagan era la de actor". (Gorbachov añadió que Reagan había sido "valientemente cooperativo" y un gran socio y presidente).

Según el antiguo redactor de discursos de Reagan, Peter Robinson, que redactó el discurso, incluso los asesores de Reagan en el Departamento de Estado y el Consejo de Seguridad Nacional se opusieron firmemente, alegando que un desafío tan directo dañaría la relación con el nuevo líder soviético Mijail Gorbachov. Las dos naciones se habían ido acercando a la paz e incluso al desarme, especialmente tras una productiva cumbre entre Reagan y Gorbachov en Reikiavik en octubre de 1986.

A pesar de ello, el Muro de Berlín -ese símbolo fuertemente fortificado de las divisiones de la Guerra Fría- parecía más sólido que nunca.

El 12 de junio de 1987, de pie en el lado de Alemania Occidental del Muro de Berlín, con la emblemática Puerta de Brandemburgo a sus espaldas, Reagan declaró: "Secretario General Gorbachov, si busca la paz, si busca la prosperidad para la Unión Soviética y Europa del Este, si busca la liberalización, venga a esta puerta. Sr. Gorbachov, abra esta puerta". Reagan esperó a que se apagaran los aplausos antes de continuar. "¡Sr. Gorbachov, derribe este muro!"

La táctica de Reagan se alejaba de la de sus tres predecesores inmediatos, los presidentes *Richard Nixon, Gerald Ford y Jimmy Carter*, que se centraron en una política de distensión con la Unión Soviética, restando importancia a las tensiones de la Guerra Fría e intentando fomentar la coexistencia pacífica entre las dos naciones. Reagan *tachó la distensión* de "calle de sentido único que la Unión Soviética ha utilizado para perseguir sus propios objetivos".

El 9 de noviembre de 1989, la Guerra Fría comenzó oficialmente a descongelarse cuando Egon Krenz, *jefe del Partido Comunista de Alemania Oriental*, anunció que los ciudadanos ya podían cruzar libremente a Alemania Occidental. Esa noche, miles de alemanes orientales y occidentales se dirigieron al Muro de Berlín para celebrarlo, armados con martillos, cinceles y otras herramientas. En las semanas siguientes, el muro sería desmantelado. Tras un año de conversaciones, Alemania Oriental y Occidental se reunificaron oficialmente el 3 de octubre de 1990.

Fue el resultado de dos años de cambios.

Las reformas de Gorbachov dentro de la Unión Soviética dieron a las naciones del Bloque del Este más libertad para determinar sus gobierno y acceso a Occidente. Las protestas en el este de Alemania cobraron fuerza, y después de que Hungría y Checoslovaquia abrieran sus fronteras, los alemanes del este empezaron a desertar en masa.

Reflexioné sobre las palabras de grandes personas que me inspiraron. Personas a las que respetaba por sus perspectivas únicas, sus logros y su profundo efecto en la cultura y la historia humanas. No estaba dispuesta a aceptar la sentencia de muerte ante mi hijo. Los meses eran sencillamente inaceptables.

Durante los nueve días que pasé con mi hijo y los médicos, dediqué el resto de mi tiempo a investigar sobre el cáncer. Dormí durante las horas siguientes. Sin embargo, aprendí datos interesantes sobre descubrimientos increíbles en el campo del cáncer.

También descubrí a un médico en particular que estaba cosechando éxitos notables con protocolos contra el cáncer poco comunes que había puesto en práctica en un país fuera de Estados Unidos. Se trata de un médico muy respetado internacionalmente, pero nadie me lo había mencionado.

Eligió tratar a ciertas personas fuera de Estados Unidos. La razón es que la Administración de Alimentos y Medicamentos de Estados Unidos dificultó enormemente la aprobación de estos protocolos. Sencillamente, no cumplían ciertos requisitos rigurosos de los ensayos clínicos. Como resultado, la gente nunca vio estos tratamientos y murió innecesariamente.

Tomé la decisión ejecutiva de llevar a mi hijo a verle. Nos presentamos en su consulta de Santa Mónica, California, y nos recibió después de revisar el expediente de mi hijo y los resultados de las pruebas.

Charlamos un rato y nos contó su historia y el trabajo que estaba realizando.

Al final nos dio su opinión profesional. Afirmó que se trataba de un cáncer extremadamente raro con una alta tasa de mortalidad. La razón, en parte, es que es tan raro que nadie trabaja en una cura porque no hay dinero en ello.

Exactamente lo que nadie quiere oír cuando se enfrenta a una sentencia de muerte.

Lo que vino a continuación fue un shock. Explicó que, aunque el tipo de cáncer era raro, creía que presentaba características similares a otro tipo de cáncer. Un tipo de cáncer al que ha visto sobrevivir a personas en sus oficinas en el extranjero. Me advirtió que solo era una alternativa a tener en cuenta, pero que no tuviera esperanzas de que eso le hiciera ganar años a mi hijo.

En ese instante supe que había algo más en la historia. Sin embargo, no me atreví a preguntar nada más. El médico me dio lo que buscaba. Miré a mi hijo, y él asintió con la cabeza y dijo que lo hiciéramos.

Durante los cinco meses siguientes, mi hijo se sometió a un tratamiento de quimioterapia. Tomó el tratamiento bastante bien, y llegó el momento de que le evaluaran con pruebas de imagen. Le llevé al hospital para que le hicieran un escáner y esperamos los resultados en la consulta del radiólogo.

Por fin entró el médico y se presentó. Se le notaba que tenía prisa. Soltó: "Vale, vamos a ver el resultado". Empezó a mirar las imágenes y luego ladeó la cabeza. "Espere, ahora vuelvo", dijo.

Supusimos que necesitaba ir al baño y nos pusimos a charlar. Pasaron unos minutos y volvió. Reanudó su revisión y se giró para dirigirse a nosotros. "En todos mis años de radiólogo, nunca había visto algo así". Mi hijo y yo nos miramos confundidos.

El médico prosiguió: "¡El cáncer ha desaparecido! Quiero decir que el cáncer ha desaparecido por completo de su espalda y parece estar limitado a un pequeño tumor y a una pequeña porción de hueso. Ha desaparecido en un 85%. Es un milagro".

No me sorprendió lo más mínimo. Todos exhalamos un suspiro de alivio. "Es una gran noticia, y le estoy dando todo para que se lo lleve a su médico. He llamado antes a su consulta y te he conseguido cita, te están esperando".

Corrió hacia el Oncólogo, donde nos dieron una gran bienvenida. El oncólogo habló con nosotros brevemente y nos explicó las cosas de forma sencilla. El siguiente paso eran cuatro meses de radioterapia dirigida y tres meses de quimioterapia. En un total de doce meses, mi hijo recibió el "visto bueno".

En un instante, ¡todo puede cambiar! Y así fue cuando fuimos a contracorriente y desafiamos a los expertos. Los médicos más respetados del sector nos habían presionado para que siguiéramos un curso de acción completamente distinto. Un camino que sabíamos que nunca daría el resultado que conseguimos. Sí, mi hijo superó las probabilidades de vivir más de seis meses.

Solo hace falta un instante para cambiar. El resultado puede ser la vida y no la muerte. O al contrario, en el caso de Marilyn Monroe, Robin Williams, Sylvia Plath, Kurt Cobain, Kate Spade, Anthony Bourdain, Avicii, Chris Cornell, Hunter S. Thomas y L'Wren Scott. Si hubieran elegido la vida, ¿habrían cambiado algo sus contribuciones?

¿Cambiaría el curso de la historia de la humanidad? ¿Y si Einstein o Hawking se hubieran quitado la vida antes de sus grandes descubrimientos? ¿Cambiaría algo? ¿Habrían salido a la luz sus descubrimientos de todos modos? Sí. La diferencia, sin duda, sería el momento.

¿Estás de acuerdo o no? Si estás de acuerdo, ¿por qué? ¿Crees en la brillantez? Quiero decir, no es como si Einstein, Hawking o cualquier otro tuviera superpoderes. Vemos descubrimientos increíbles todo el tiempo. ¿Será porque todo es el Block? ¿Quizás el Universo Block no es tan descabellado?

CAPÍTULO 13

¿Por qué siempre hay que cortar leña y acarrear agua?

"No hay sustituto para el trabajo duro."

—THOMAS A. EDISON

¿Quieres crecer personalmente o en tu negocio? ¿Tienes lo que hace falta para llegar lejos? ¿Te vendría bien mejorar? Todas estas preguntas son buenas y válidas. No intento infundirte dudas ni sugerirte que dudes de tu capacidad para triunfar.

Te estoy retando a que mejores tus habilidades y tus posibilidades de éxito. La mejor manera de empezar es haciéndose preguntas. Preguntas que revelarán tus Fortalezas, Debilidades, Oportunidades y Amenazas a la persona más importante de todas, ¡tú! Se suele decir como "hacer el trabajo". Y, sin él, tus limitaciones te obstaculizarán, incluso te detendrán.

Ningún viaje avanza sin trabajo. A veces necesitamos un recordatorio para terminar un proyecto, una carrera o incluso la vida. Puede que no sepas lo que te espera exactamente, pero el recordatorio por sí solo puede ser sin duda una llamada de atención y tener un valor incalculable.

Yo tuve esa llamada de atención hace años. Lo recuerdo perfectamente. Llamaron a mi puerta. Abrí la puerta y un hombre se presentó. "Hola, soy Jon, vivo enfrente y quiero darte la bienvenida al barrio.

"Hola, Jon, encantado de conocerte. Estoy muy ocupado, pero pasa, siéntate y vuelvo enseguida". Entró y se sentó. Cerré la puerta y corrí escaleras arriba para cerrar las puertas del patio y luego regresé.

"Keith, ¿a qué te dedicas?", me preguntó inmediatamente.

Me pareció una pregunta extraña. Sin embargo, le contesté amablemente: "Me dedico sobre todo al sector inmobiliario", a lo que respondí: "¿Y tú?

Me contestó: "Me dedico al entretenimiento". "En serio, ¿eres productor o director?". Parecía confuso y molesto, pero murmuró lentamente: "Se podría decir que sí".

Con cara de circunstancias, le pregunté: "¿Has hecho algo que me resulte familiar?". De nuevo, lo tenía contra las cuerdas.

"Bueno, probablemente. Eso espero".

Me eché a reír. "Solo te estoy tomando el pelo, eres Jon Voight". Sonrió y dijo: "Muy buena, hacía tiempo que no me engañaban así", y se rió entre dientes.

"Entonces, ¿qué te trae por el barrio?". Continuó,

"Bueno, Jon, he aprendido a compartir más de mí mismo últimamente, así que voy a poner sobre la mesa para ti". Pasé a contarle mi historia, que incluía mi reciente divorcio. Cómo compré el cómo criar a mis tres hijos como madre soltera. Y todos los proyectos de negocios que estaba haciendo malabares. "Jon, esa es mi vida, y estoy agotado".

Esperó un momento y, con sabiduría de ojos azules, replicó: "Escucha, chico, nadie dijo que sería fácil y ¡mira dónde estás!". Volvió a sentarse en la silla y sonrió. "No te preocupes, chico, te irá bien".

Sí, no ha sido fácil. Sin embargo, tengo la suerte de que por mi vida han pasado personas brillantes. Gente famosa, no famosa, y otros completos desconocidos. Independientemente de su estatus, son personas dispuestas a compartir su sabiduría y su apoyo. Son momentos de iluminación y momentos que simplemente no se olvidan.

Entonces, ¿por qué siempre tenemos que "cortar leña y acarrear agua"? Si nunca has oído la expresión, se refiere a "hacer el trabajo". El origen de la frase es bastante ambiguo. Sin embargo, la mayoría de la gente afirma que es un proverbio zen. También hay cosas asociadas a la frase.

Sin embargo, no hay desacuerdo con el significado central de la frase. Significa que no importa lo consumados que seamos, lo sabios o exitosos que seamos, siempre habrá cosas que tengamos que hacer para progresar en la vida. Por ejemplo, trabajar para conseguir comida, ropa, cobijo y demás.

Hay que reconocer que cuando oigo la frase cortar leña acarrear agua, lo primero que me viene a la cabeza es talar árboles. Cuando era adolescente, vivía en una zona remota de Nueva Jersey, y todo estaba muy extendido. Para que te hagas una idea, para construir una casa necesitabas tener no menos de dos acres de tierra. La mayoría de las propiedades eran enormes, con granjas de frutas, verduras, productos lácteos y caballos diseminadas a lo largo de kilómetros. Obteníamos nuestra comida directamente de una granja.

Cuando se acercaba el invierno, la gente empezaba a abastecerse de provisiones vitales. Mis amigos salían a cazar ciervos para tener suficiente carne durante la temporada. Otros talaban árboles como yo para tener leña que quemar. No era tarea fácil.

Talar el árbol era solo el principio. El siguiente paso era cortar el árbol en troncos. Los apilábamos, los cubríamos para que se secaran y los dividíamos en trozos. Era un trabajo arduo, sobre todo cuando hacía frío.

A menudo estábamos en la nieve buscando un árbol muerto que cortar porque nos habíamos quedado sin leña. Si teníamos la suerte de encontrar uno, nunca estaba cerca de casa. Eso significaba tener que transportar la madera desde el bosque de vuelta a casa a través de la nieve. Yo cortaba leña en el sentido físico.

Afortunadamente, no teníamos caballos como mis amigos. Ellos llevaban el agua. Durante el invierno, se levantaban a las 5 de la mañana en la oscuridad, se vestían y llenaban cubos con agua caliente. Luego los llevaban a los establos para que bebieran los caballos. Como pueden imaginar, cuando llegaban a los establos, con un frío glacial y a veces con nieve, el agua estaba a temperatura ambiente. No era un trabajo fácil.

Si creciste en una ciudad como mis hijos en Los Ángeles y no tuviste estas experiencias, puede parecerte extraño. Puede que la frase no te suene igual. Sin embargo, todos tenemos experiencias de tener que hacer un trabajo agotador, ya sea físico o mental.

Entonces, ¿tiene sentido cortar leña y acarrear agua simplemente para tener leña y agua?

Tres cuartas partes de mis amigos de la infancia estarían de acuerdo. Sin embargo, para la mayoría de las culturas, el significado es mucho más profundo. La frase es más genérica y más inclusiva. Y así debería ser.

De hecho, puede que ni siquiera sea la mejor frase para algo más que el acto literal de cortar leña y acarrear agua. La expresión implica trabajo físico. La mayoría de la gente no encontraría agradable el acto de cortar leña y acarrear agua. En otras palabras, la connotación es negativa, especialmente para quienes nunca lo han hecho.

Sí, es innegable. Todos necesitamos cortar leña y acarrear agua, y es inevitable. Sin embargo, ¿debería ser desagradable? Tengo recuerdos de cortar leña con mucho frío e incluso con nieve. Recuerdos de cargar troncos increíblemente pesados, de dañar y arreglar motosierras, de romper y reparar hachas, y mucho más. Como puedes ver, hubo momentos incómodos y frustrantes que aún no he olvidado.

Sin embargo, no todos los momentos fueron difíciles, frustrantes y negativos. Hubo momentos en los que estaba con amigos en sus casas o en la mía, trabajando juntos y conversando mientras cortábamos leña sobre cosas que estábamos experimentando en nuestras vidas. Desafíos con la escuela, el trabajo, los deportes, la familia, las chicas y muchas cosas más. Era una válvula de escape. Una oportunidad para compartir y aprender los unos de los otros y tener momentos de unión.

También puedo contarte los momentos más divertidos que recuerdo y que son incluso más pronunciados que cortar la leña. Una vez mi padre se dio cuenta de que nos habíamos quedado sin leña. Nos habíamos quedado sin electricidad en casa a causa de una tormenta de nieve y necesitábamos leña para la chimenea porque hacía mucho frío en casa. Insistió en que fuéramos al bosque a buscar un árbol muerto que pudiéramos talar para conseguir leña de inmediato.

Caminamos por el bosque y encontramos un árbol muerto. Era un árbol grande y me pidió que trepara. Quería que atara una cuerda a su alrededor para poder atar la cuerda a otro árbol y controlar la dirección en la que caía. Discutimos sobre dónde anclar la cuerda y en qué dirección caería el árbol. caería. Sin embargo, le cedí el paso y empezó a cortar el árbol.

En poco tiempo, la motosierra había hecho casi todo su trabajo. Se detuvo para hacer un descanso y yo traté de abordar de nuevo el tema de dónde atar el árbol. Sabía que era mi última oportunidad de hablar antes de que volviera a encender la ruidosa motosierra. Me preocupaba que el árbol cayera de forma que fuera difícil transportarlo, pero fue en vano. No conseguí convencerle.

Encendió la motosierra para hacer los últimos cortes y derribar el árbol. El árbol empezó a tambalearse. Para mi sorpresa, era evidente que el árbol iba en una dirección diferente a la que ninguno de los dos esperábamos. Empecé a gritar, pero no pude contrarrestar el zumbido de la sierra. Se dio cuenta de que el árbol se venía abajo y se apartó.

Fue una visión que siempre recordaré, clara como el día. Los dos nos quedamos asombrados mientras el árbol se desplomaba. Me eché a reír y se me llenaron los ojos de lágrimas. Vi que el árbol se dirigía directamente hacia nuestra casa sin que nada pudiera detenerlo.

Era un árbol enorme, y ninguno de los dos habíamos pensado en lo grande que era. Nos habíamos adentrado una distancia adecuada en el bosque. Sin embargo, pronto nos dimos cuenta de lo grande que era al chocar contra el tejado de la casa. El tejado se dobló, el canalón salió volando y el árbol rebotó una vez hasta que se posó en el ático de la casa. ¡Ay!

Recordar la historia todavía me hace reír. También recuerdo las cosas valiosas que aprendí aquel día sobre mi padre, la telemetría y la importancia de la preparación. Fue un día maravilloso y una experiencia positiva para mí, sobre todo porque no tuve que reparar el tejado.

En otra ocasión, estaba cortando troncos en trozos más pequeños con una cortadora de troncos. Si no lo conoces, es un tipo de hacha con un mango largo y una cabeza más pesada que sobresale por detrás. La razón es que añade peso extra al hacha para que ejerza más fuerza sobre el tronco, facilitando así su división. De ahí que sea un cortador de troncos.

Mientras intentaba partir un tronco, no llegué al centro del tronco y golpeé el mango cerca de la cabeza del hacha en el borde del tronco. El mango se partió cerca de la cabeza del hacha y hubo que cambiarlo. No teníamos otro mango, así que me detuve por ese día, enderecé el mango lo mejor que pude para que la cabeza del hacha no se cayera y lo devolví al garaje.

Llegó el día siguiente, y era sábado. Había salido con unos amigos la noche anterior y llegué a casa el sábado por la mañana temprano, y era mi día para dormir hasta tarde. Yo era un adolescente, lo que significaba probablemente hasta por lo menos las tres de la tarde.

Mientras yo dormía, mi padre decidió hacer algo que nunca hacía. Sí, lo has adivinado, partir troncos. No pudo encontrar la cortadora de troncos porque yo la guardé en el garaje para que nadie la viera. Vino a mi habitación, me sacudió y me dijo: "¿Dónde está el cortador de troncos? La necesito. Medio dormido medio dormido, le dije que estaba junto al banco de herramientas del garaje y me volví a dormir.

Lo siguiente que recuerdo es haberme levantado de la cama en un estado de semiinconsciencia. Me di cuenta de que mi padre podía hacerse daño si iba a utilizar la cortadora de troncos. Salí corriendo del dormitorio, bajé las escaleras y, con voz de pánico, le pregunté a mi madre: "¿Dónde está papá?

Señaló por la ventana de la cocina y allí estaba mi padre. Estaba inclinado sobre un enorme tocón de árbol que yo utilizaba para colocar los troncos encima y partirlos en trozos. Pude ver que ya tenía un tronco encima del tocón y que estaba listo para cortarlo en cuestión de segundos. No había tiempo para advertirle.

Le dije a mi madre mientras lo veíamos alejarse. Levantó la tronzadora por detrás de la espalda, por encima de la cabeza, directamente hacia el tronco. La cabeza apenas se hundió en el tronco. El mango se partió y le hizo perder el equilibrio. Casi se cae al separarse el mango de la cabeza del hacha. Fue un momento aterrador, pero los dos nos echamos a reír.

Pensé que él sabía que la cabeza estaba rota y que yo me había metido en un buen lío. Mi madre me miró y me dijo: "No digas nada cuando venga. Déjale hablar porque solo vas a empeorar las cosas".

A los dos minutos, la puerta se abrió de golpe y entró mi padre. Yo estaba escondida detrás de mi madre, preparada para que perdiera los papeles. Se acercó a nosotros en la cocina y se detuvo de lleno en la habitación. Entonces dijo: "No lo van a creer, he salido a partir troncos y he partido el mango en dos". Tenía la sonrisa más grande en la cara, como si tuviera la fuerza de Hércules. Pensó que lo había roto por su fuerza y no por la debilidad del mango.

Cogió las llaves del coche y dijo: "Tengo que ir a la ferretería a por otro mango". Y se fue. Mi madre y yo nos miramos y nos echamos a reír. Típico de papá. No queríamos arruinarle el momento, así que nunca le contamos la verdad.

Lo que quiero decir con esto es que no todas las experiencias relacionadas con cortar leña o acarrear agua tienen por qué ser negativas. Sí, para mi padre, el incidente del árbol fue negativo. Sin embargo, para mí fue positivo. Y el incidente de la cortadora de troncos para ambos fue positivo.

Nunca sabemos lo que ocurrirá en el camino mientras cortamos leña y acarreamos agua. Podemos tener experiencias negativas o positivas. Cortar leña y acarrear agua es simplemente algo que hacemos en el camino.

Por lo tanto, no debemos centrarnos únicamente en el acto. ¿Qué valor tienen la madera y el agua por sí solas? Si eliges ir por la vida actuando sin ser consciente del panorama general, estás perdiendo una auténtica oportunidad. Lo más valioso es el conocimiento y la sabiduría que obtienes de toda la experiencia relacionada con cortar leña y acarrear el agua.

Sí, todos debemos cortar leña y acarrear agua. Sin embargo, la próxima vez que te encuentres realizando lo que parece ser una tarea mundana, piensa que hay algo mucho más grande que aprender.

CAPÍTULO 14

¿Cómo romper barreras?

"No hay limitaciones para la mente humana, ni muros alrededor del espíritu humano, ninguna barrera a nuestro progreso excepto las que nosotros mismos erigimos".

—RONALD REAGAN

Si quieres romper barreras, primero debes prepararte. Supongo que no intentarías romper un bloque de hormigón con la mano de un solo golpe sin ninguna práctica ni preparación. ¿Lo harías?

Considera la posibilidad de romper barreras como un atleta olímpico que se prepara para una prueba. Pongamos como ejemplo a un vallista, porque la carrera de vallas es una de las pruebas más exigentes del atletismo.

Conoces al atleta que esprinta por una pista con un puñado de competidores que saltan por encima de diez barreras verticales de madera uniformemente dispersas. Las vallas tienen una altura de un metro para los hombres y ochenta centímetros para las mujeres y suelen estar hechas de zarzo, que es la madera que se utiliza para construir vallas. El avellano o el sauce son los más comunes porque hacen que estos obstáculos sean increíblemente resistentes.

Aunque las vallas pueden ser de especial importancia para los espectadores de la prueba, éstas solo comprenden una fracción de la distancia hasta la línea de meta. Por este motivo, los vallistas dedican mucho tiempo a algo más que a practicar el salto de vallas.

Igualmente importantes son el entrenamiento de fuerza, la dieta, la concienciación y la agudeza mental. Los vallistas deben fortalecer y trabajar diferentes músculos en su entrenamiento. El entrenamiento de fuerza para vallistas se centra en ejercicios para los flexores de la cadera, los gemelos y la parte baja de la espalda.

Los vallistas realizan lo que se conoce como levantamientos olímpicos. Se trata de ejercicios compuestos en los que intervienen varios grupos musculares y que incluyen press de banca, sentadillas, peso muerto y dominadas. El press de banca trabaja la parte superior del cuerpo; las sentadillas, las piernas y los levantamientos muertos trabajan la espalda y las piernas, y las dominadas trabajan las caderas, las rodillas, los hombros y los codos. En conjunto, proporcionan la explosividad necesaria para el lanzamiento de vallas.

Una buena nutrición optimiza los programas de entrenamiento de los vallistas. Una buena dieta favorece la constancia en el rendimiento y mejora la recuperación tras los entrenamientos y las pruebas. Otros beneficios incluyen el mantenimiento de un peso estable y la reducción del riesgo de lesiones y enfermedades. También mejora la confianza y la claridad a la hora de enfrentarse a la competición.

Las pautas nutricionales básicas para los atletas de atletismo incluyen comer pequeñas cantidades cada dos o tres horas. Las comidas deben incluir proteínas y carbohidratos complejos. Mantenerse hidratado con al menos ocho onzas de agua por hora. Tomar una comida después del entrenamiento en un plazo de 30 minutos y no saltarse ninguna comida.

El día de la carrera, deben estar preparados mentalmente, porque es tan importante como asegurarse de que su cuerpo está a punto. Confían en su entrenamiento, controlan su excitación e intentan no agobiarse. Mantienen la concentración en lugar de distraerse y visualizan el éxito cuando salen al campo.

Una gran cantidad de planificación, preparación y trabajo se dedica a superar cada uno de los diez obstáculos que el vallista debe superar antes de llegar a la línea de meta. El proceso que siguen los vallistas lo siguen también otros atletas de otros deportes y es perfecto para romper todo tipo de barreras.

Si quieres esprintar por la pista y deslizarte sobre los obstáculos hasta la línea de meta, podemos ver cómo aplicar este proceso para ayudarte a superar tus barreras.

En primer lugar, debemos reconocer las barreras, lo cual es más fácil de decir que de hacer. Los estímulos están por todas partes, nos bombardean y nos dificultan centrarnos en nuestros retos. Por lo tanto, las barreras a menudo parecen indistinguibles, vagas o abrumadoras.

En segundo lugar, incluso si tenemos la suerte de definir las barreras, debemos desarrollar un proceso para superarlas.

En tercer lugar, debemos confiar en que podemos superarlas.

En cuarto lugar, tenemos que actuar, lo que puede asustarnos porque se percibe como un viaje traicionero.

En el capítulo 5, hablamos de dedicar una cantidad de tiempo desproporcionada a pensar en cómo resolver los problemas que a resolverlos. También hablamos de cómo resolver problemas. Esta es tu próxima oportunidad de poner en práctica lo aprendido.

Hay obstáculos de todas las formas y tamaños. Eso significa que también lo son las soluciones para superarlas. Si consideramos una barrera como un objetivo, sabemos por el Capítulo 2 y por las matemáticas que se pueden alcanzar. Además, sabemos por experiencias del mundo real que la gente supera obstáculos constantemente, tanto pequeños como grandes, y no solo en el mundo del deporte. ¿Te sientes más seguro de ti mismo?

Antes de empezar, quiero compartir contigo una breve historia. Un día estaba en casa y decidí salir a recoger el correo de mi buzón. Rara vez miraba el correo en casa. La razón era que todo el correo importante iba a mi oficina. Nunca daba la dirección de mi casa porque no quería recibir el correo en dos sitios.

En consecuencia, como puedes imaginar, lo único que recibía en casa era correo basura y en cantidad considerable. De hecho, tanta que compré un buzón de dos pies de alto y dieciocho pulgadas de ancho y fondo. Por lo tanto, solo necesitaba revisarlo cada cuatro meses. Inevitablemente, habría algo importante entre toda la basura.

En cualquier caso, aquel día me sentí obligado a comprobarlo. Salí por la puerta principal y me dirigí a la calle donde estaba el buzón. Cuando llegué al buzón, miré a mi derecha y vi a un tipo vestido con vaqueros, sudadera y gorra. Estaba de pie en la entrada de mi casa, apoyado en el muro que había al otro lado. Miraba al suelo y arrastraba uno de sus pies como para entretenerse. Estaba preocupado por algo.

Pensé por un momento: "¿Quién es este tipo y por qué está en mi entrada?". Yo vivía en una calle privada, así que las posibilidades de que estuviera perdido eran casi nulas. Pensé que debía de ser amigo de alguien del vecindario y que le estaba esperando. Y entonces caí en la cuenta.

Es mi vecino, Mark Wahlberg. Sí, es él de pie en mi entrada. Debe estar de vuelta en la ciudad para visitar a su esposa e hijos. Rara vez lo veía porque siempre estaba filmando películas. Así que decidí saludarle.

"Hola, Mark, ¿qué tal?"

Y, como era de esperar, me contestó: "Hola, colega, acabo de volver para pasar unas semanas", en voz más baja de lo normal.

Me di cuenta de que algo no iba bien. "Pareces decaído. ¿Va todo bien?"

Me contestó: "Bueno, la verdad es que necesitaba espacio. Acabo de volver a la ciudad de rodar y los niños están correteando por la casa, y mi mujer quiere mudarse, y todo es un poco demasiado. Espero que no te importe".

Sentí su dolor por experiencia propia. Cuando mi mujer estaba embarazada de nuestro tercer hijo, también tuvimos que mudarnos. La discusión constante sobre la búsqueda de un lugar era bastante intensa. Muy a menudo, mi mujer mencionaba el tema en un momento poco oportuno. Conocía esa inquietante sensación de estrés, confusión y, muy posiblemente, incluso desesperación.

Me reí y respondí: "Por supuesto que no, eres bienvenido cuando quieras".

"Pero tengo una pregunta, si no te importa".

"Claro, amigo, ¿cuál es?", me dijo.

"¿Qué consejo me darías si estuviera en tu entrada pasando por lo mismo que tú?".

Sin dudarlo siquiera, me miró y me dijo con voz fuerte y segura: "Viejo, te diré que lo más importante es la fe. Sin ella, no tienes nada". Y luego, con una sonrisa, continuó: "¡Gracias por recordármelo!". Y se marchó a casa.

El sentido de la historia es, en primer lugar, que tienes que ser consciente de que tienes un obstáculo o barrera ante ti y, a continuación, una estrategia para superarlo. En segundo lugar, una vez que eres consciente del problema, puedes recurrir a tu caja de herramientas y coger las habilidades que necesitas para resolverlo. Para Mark, esa es su profunda fe. Y por último, una vez que te sientes seguro, estás armado y listo para actuar.

Mark era sin duda consciente de su barrera. Cuando le pregunté qué consejo me daría, tuvo la oportunidad de rebuscar en su caja de herramientas. Una vez que lo hizo, encontró su fe o estrategia y se dispuso a ponerla en práctica para superar el obstáculo. Todo salió bien. Volvió a casa, superó el obstáculo aceptando mudarse y, en pocas semanas, empezó a planificar la construcción de su nueva casa en las cercanías.

Esperamos que hayas completado el trabajo del capítulo 9 para comprender mejor tus habilidades duras y blandas y sentirse mejor con sus capacidades. Además, si completaste las afirmaciones y las estás poniendo en práctica y expresándolas a diario, entonces deberías estar experimentando más positividad y confianza a diario.

Estoy seguro de que ahora posees la mentalidad necesaria para superar tus barreras, y tú también deberías hacerlo. En primer lugar, eres consciente de que tu mayor reto eres tú mismo. En segundo lugar, he compartido contigo información sobre cómo identificar, evaluar y mejorar tus habilidades duras y blandas. En tercer lugar, información que quizá no hayas encontrado sobre potencialidad está en tu radar.

Sí, se te lanzaron temas controvertidos. Puedes creer que todos o ninguno son ciertos. Sea cual sea tu elección, no pasa nada. Lo importante es que estés abierto a ideas innovadoras que puedan cambiar tu perspectiva, tus acciones y tu vida.

Es hora de empezar a romper tus barreras. Recuerda el capítulo 9, en el que hablamos de las habilidades duras y blandas. También hablamos de cómo identificarlas y evaluarlas mediante un SWOT. Si la técnica te resultó útil y quedaste satisfecho con los resultados, puedes aplicar el mismo proceso aquí.

Una vez más, es hora de que te relajes y te sientas cómodo antes de identificar tus barreras. Haz tu ejercicio de respiración, da un paseo o medita. Tú eliges.

A continuación, escribe un único objetivo que quieras alcanzar. No te confundas pensando que necesitas conseguir más de un objetivo para realizar una única meta. Como he dicho antes, la concisión y la sencillez son importantes. Tomarse las cosas de una en una es fundamental.

Además, los objetivos imprecisos complicarán sin duda tus esfuerzos. Experimentarás retrasos y, muy posiblemente, incubarás frustración y estrés. La frustración y el estrés desgastarán tu positividad, minarán tu confianza y pondrán en entredicho tu trabajo. Simplifícalo y póntelo fácil.

Identifica el único objetivo que deseas alcanzar. A continuación, haz una lista rápida de los obstáculos que crees que te impiden alcanzar ese objetivo concreto. Lo mejor son descripciones de una o dos palabras. No pienses demasiado en ellas. Y, por último, tómate tu hora de descanso para dejar que el polvo se asiente.

¡Bienvenido de nuevo! Es hora de ejecutar el ejercicio una vez más. Revisa tu trabajo y añade o quita cualquier barrera que creas que encaja o no. A continuación, escribe una explicación para cada barrera. La explicación debe incluir: ¿Por qué es una barrera? ¿Por qué crees que es un obstáculo? ¿Cómo prevees superar la barrera? Si puedes formular más preguntas para responder, mejor aún.

Deja que tu lista se medite. Puedes volver a ella más tarde para ver si está en consonancia con tu última ronda de pensamientos. Si aún no te has dado cuenta, uno de los objetivos que abordamos a través del proceso es la confianza.

Cuanto más trabajo hagas antes de iniciar tu acción, más confianza tendrás cuando llegue el momento de ejecutar tu plan. De lo que estamos hablando no es diferente de hacer los deberes en la escuela como preparación para un examen. La diferencia aquí es que no estamos en la escuela practicando para el mundo real. En lugar de eso, es el mundo real. Ha llegado la hora del examen.

Es la hora de la verdad. Es hora de evaluar las soluciones que has previsto para eliminar las barreras que percibes. ¿Son realistas? ¿Qué pasos son necesarios para superar cada obstáculo? Del mismo modo, las carreras de obstáculos a veces incluyen vallas de diferentes alturas.

Por lo tanto, es esencial ser conciso y exhaustivo con sus soluciones. Debe haber varios pasos para cada solución. Incluso puede haber ambigüedades con su solución. En estas situaciones, necesitarás, como mínimo, un plan B y C. Recuerda que no quieres perder tiempo si tienes que pivotar.

Para problemas más complejos, considera la posibilidad de involucrar a más personas. Puede ser otra persona o un grupo. ¿Por qué? Porque dos cabezas piensan mejor que una cuando se trata de resolver problemas complejos.

En el Capítulo 5, tratamos el proceso y las ventajas de añadir más personas a la mezcla. Aunque te resulte incómodo involucrar a otras personas, considera las consecuencias de excluirlas. Puede costarte mucho más tiempo resolver el problema. Peor aún, ¿y si no se llega a una solución? La decisión es tuya.

En conclusión, inevitablemente encontrarás barreras en el camino hacia la consecución de tus objetivos. Ser realista, que requiere trabajo y mucho, es un buen comienzo. Puede que incluso necesites la ayuda de otros. Y eso está perfectamente bien.

Ya tienes los conocimientos necesarios para superar barreras importantes. A medida que te enfrentes a nuevos retos y los conquistes, adquirirás una experiencia inestimable y más confianza para afrontar retos aún mayores.

Hablamos del proceso de un vallista y de toda la preparación que conlleva entrenarse para una carrera, lo que deben hacer, cómo se preparan y lo que ocurre cuando llega el momento de actuar.

Te dejaré con una breve historia que es paralela y refuerza lo que es necesario para rendir al máximo.

Era el verano de 1980. Pasé el día con mi amigo fotógrafo Bill Mark. Un conocido fotógrafo de la época fotografiaba a famosos atletas y celebridades. Bill conocía a todo el mundo. Era un personaje pintoresco y carismático. Todos le adoraban y le querían como sujeto.

¡¿Consideras Esto?!

Estábamos en el US Open en Baltusrol en Springfield, Nueva Jersey. Un campo que conocía muy bien. Crecí cerca y siempre me gustaba visitarlo, sobre todo cuando había un torneo.

Fue un día largo y sofocante, y hubo actuaciones inesperadas. Hubo novatos con grandes actuaciones y veteranos con actuaciones menos de lo esperado. Fue muy emocionante y decepcionante ver cómo los jugadores se disputaban los primeros puestos.

Hacia el final del torneo, tomamos posiciones cerca de los greens. Bill insistió porque nos acercábamos al final y era hora de hacer más golpes en los greens. Pasaron los mejores jugadores, pero uno en concreto me causó una impresión que nunca olvidaré.

Arnold Palmer llegó al green. Su bola estaba muy lejos de la bandera. El terreno era muy irregular, con una curvatura incómoda hacia la copa. Estaba al menos a dos golpes.

Arnold se tomó su tiempo para observar el green. Se puso en cuclillas para ver el camino hasta la bandera. Luego se levantó, retrocedió y caminó hasta otro lugar para ponerse en cuclillas y echar otro vistazo. Procedió a hacer esto repetidamente para obtener diferentes puntos de vista o perspectivas.

Como espectador, estaba acalorado e impaciente. Todos sabíamos que iba a conseguirlo en dos tiros. Finalmente se acercó a la bola y dio un par de golpes de práctica. Por fin, está listo para el putt. Luego retrocedió para echar un último vistazo desde otro lugar.

Vuelve a la bola. Hace más swings de práctica y luego se detiene. Ahora era el momento. Ajusta los pies, mira al banderín y le da un buen golpe a la bola.

Mientras esperamos y observamos, con la respiración contenida, la pelota atraviesa el green y entra en la copa. Fue espectacular.

Bill se abalanzó sobre el green gritando: "Arnold, Arnold, ¿qué tal unas fotos?". "¡Por supuesto Bill, por ti te daría mis pelotas!" mientras se reía. Cuando Bill terminó de hacer las fotos, le dije a

Arnold: "¡Ha sido un putt increíble! ¿Cuál es tu secreto?" Se inclinó hacia mí, me puso la mano en el hombro, me miró directamente a los ojos y me contestó: "No dejes que nadie te distraiga. La concentración lo es todo".

Mientras sigues mejorando, mantente relajado y constante, haz el trabajo con regularidad y disfruta del proceso. Los retos pueden parecer insuperables. Sin embargo, al igual que Arnold logró un tiro casi imposible. Tú también puedes. Tienes las herramientas y, con la práctica, te elevarás. "No dejes que nadie te distraiga. ¡La concentración lo es todo!

CAPÍTULO 15

¿Qué significa todo esto?

"Está bien estar confuso. La confusión es el camino ruta hacia toda la claridad del mundo".

—SHAH RUKH KHAN

Estamos constantemente inundados de información. La mayor parte de esa información es irrelevante. En otras palabras, obtenemos muy poca información de valor.

Como empresarios, vemos aún más información en nuestra búsqueda por dominar nuestras habilidades y conquistar nuestros objetivos. Buscamos información específica para desarrollar algo que sea único. Y no es un proceso fácil.

Con un vasto mar de información, ¿cómo no confundirse a veces? Es perfectamente normal. Para ser un empresario de éxito, es imprescindible desarrollar sus habilidades para cribar la información con rapidez.

Soy consciente de que he presentado una gran cantidad de información en este libro. También he compartido teorías y principios científicos que pueden resultarte extraños. No me sorprendería en absoluto que te sintieras confuso acerca de la información presentada.

Por lo tanto, creo que es importante utilizar este capítulo para recapitular lo que hemos tratado. Porque el objetivo del libro es ayudarte a alcanzar el éxito. Por lo tanto, quiero aclarar y unir todo de una manera significativa para tener éxito.

En el capítulo 1, se te dio la oportunidad de volver a tu infancia. No a todo el mundo le resulta fácil hacerlo. Espero que te haya reactivado la memoria y te haya traído recuerdos divertidos e interesantes. A mí, desde luego, me lo ha hecho.

También es una época considerable de nuestras vidas porque son nuestros años de formación. Una época en la que somos muy maleables y abiertos a sugerencias. La influencia nunca es más profunda, y nuestro deseo de aprender y creer es aún más fuerte.

¿Te has planteado antes la veracidad de las cosas que aprendiste cuando eras más joven? Es sorprendente la cantidad de cosas que aprendemos y que resultan ser falsas. También es sorprendente que todos nos veamos afectados directa o indirectamente por falsedades, seamos o no conscientes de ello.

Por otro lado, si eres lo suficientemente valiente como para reconocer que mucho de lo que aprendes en tus años de formación es falso, puede ser extremadamente útil. Te preguntarás cómo puede ser útil. Es agua pasada.

Sin embargo, es una oportunidad para ver la vida desde una nueva perspectiva. perspectiva. Esa perspectiva es la verdad. Estamos hablando de la noche y el día. Puede alterar tu camino, abrir puertas de oportunidades e incluso tus posibilidades de éxito.

¿Estás dispuesto a ser flexible sobre la veracidad de la información que recibes a medida que avanzas en tu vida? En otras palabras, estar abierto a más posibilidades. Es una característica o rasgo de todos los grandes empresarios. ¿La posees tú?

En el capítulo 2, hablamos de ese momento en el que careces de la conciencia del conocimiento o la experiencia necesarios para alcanzar tu objetivo ahora. Parece una afirmación obvia. Si tuvieras la conciencia y el conocimiento en este momento, no estarías persiguiendo la meta.

Te he dado la oportunidad de analizar las afirmaciones. Además, compartí una práctica para ayudarte a preparar tu análisis. Y compartí un ejemplo del uso de las matemáticas básicas para reducir o eliminar la incertidumbre.

El objetivo de compartir el proceso de resolución de problemas con matemáticas va más allá de reducir o eliminar la incertidumbre. Supongamos que te enfrentas a una serie de retos. ¿Puedes adivinar qué otro beneficio puede haber?

Puede que se te ocurra si piensas en el programa de televisión Jeopardy o en America Ninja Warrior. Jeopardy desafía las habilidades mentales y, a la inversa, American Ninja Warrior desafía las habilidades físicas. Sin embargo, tienen algo en común. ¿Quieres adivinar?

Los concursantes empiezan con preguntas sencillas o retos con obstáculos. A medida que los concursantes superan la pregunta o el obstáculo, a continuación, se enfrentan a una pregunta más difícil o un obstáculo para completar. A medida que los concursantes responden a más preguntas y superan más obstáculos, se puede ver cómo ganan confianza. A menudo se refleja en que arriesgan más dinero o muestran más comodidad al intentar superar el siguiente obstáculo.

Reducir y eliminar la incertidumbre es una herramienta poderosa. A menudo puede hacerse con matemáticas básicas, como he demostrado. Al reducir o eliminar el riesgo, puede aumentar tu confianza para ayudarte a afrontar retos aún más intimidantes.

En el capítulo 3, hablamos de que uno no crea nada. Es un capítulo controvertido del libro. Compartí contigo la definición de creatividad e imaginación. También hablamos del Universo de Bloques.

Me resulta curioso que puedas imaginar algo y llevarlo a la creación. Es perfectamente aceptable según el diccionario y la ciencia. Sin embargo, si puedes imaginar algo pero no logras traerlo a la existencia, entonces tienes que esperar a que el diccionario y la ciencia lo adopten.

Afortunadamente, en el caso del diccionario no hay que esperar tanto. Recuerdo que cuando era niño, la palabra inglesa "ain't" era inaceptable porque no aparecía en el diccionario. Sin embargo, tras un puñado de años y sesiones de ridículo, por fin fue admitida en el diccionario inglés.

Sorprendentemente, alguien se atrevió a inventar algo llamado Urban Dictionary en 1999. No se inventó con el propósito de ayudar a los menos cultos a que se reconociera su lengua vernácula.

Más bien se inventó para ayudar a las culturas a entenderse y comunicarse mejor.

De nuevo, otra falsedad es que si vives en una zona urbana, eres menos culto. Es vergonzoso. Dime, ¿a quién sirven los diccionarios y las revistas científicas? ¿A los aristócratas?

Hay gente brillante en todas partes. No creo que nadie pueda discutir el hecho después de la pandemia de COVID. ¿Realmente necesitamos este tipo de limitaciones en nuestras vidas? ¿Cuánto tiempo tenemos que esperar para creer en algo como el Universo de Bloques?

En el capítulo 4, hablamos de que si solo nos quedamos con el 20%, o menos, de lo que aprendemos, entonces ¿por qué dedicar tiempo a intentar recordar todo lo que podamos? Hablé de las cosas que se nos pide que memoricemos y que no tienen sentido.

Se presentó información sobre el funcionamiento del cerebro. Comparé el cerebro humano con un ordenador personal. Ambos tienen sistemas de memoria como la memoria de trabajo, la memoria a corto plazo y la memoria a largo plazo en el caso del cerebro humano. Del mismo modo, un ordenador tiene RAM o memoria de acceso aleatorio y un disco duro. En comparación, el cerebro humano tiene 625 veces más espacio de almacenamiento. Sin embargo, en ambos casos, ninguno tiene memoria infinita.

Esperemos que, tras leer el capítulo 8, tengas una nueva perspectiva sobre el almacenamiento de información. ¿Deberíamos ser más conscientes del valioso tiempo que dedicamos a intentar memorizar cosas? ¿Y qué hay de lo que elegimos memorizar?

En el capítulo 5, hablamos de que pasamos una cantidad de tiempo desproporcionada pensando en cómo resolver problemas que resolviendo problemas. Compartí los comentarios de mentes brillantes, como Henry Ford y Albert Einstein. Sus respectivos puntos de vista sobre el tiempo y la perspectiva para resolver problemas.

Tuviste la oportunidad de echar un vistazo a las últimas investigaciones sobre resolución de problemas que afectan a la América Corporativa. Los datos son innegables. Las empresas se ocupan del rendimiento de sus empleados para optimizar sus negocios y beneficios. Conocen la verdad, ¡y también deberías conocerla!

He compartido metodologías que le ayudarán a resolver problemas por sí mismo o en grupo. Uno de los métodos es un enfoque básico que recomiendo aprender como mínimo. La otra metodología es para problemas más complejos y emplea a otras personas para obtener múltiples perspectivas. También puede producir múltiples soluciones.

También pudimos ver el inestimable análisis SWOT. Cómo utilizarlo para identificar Fortalezas, Oportunidades, Debilidades y Amenazas. Es uno de mis favoritos. Lo recomiendo encarecidamente.

Por último, te he dado un ejemplo concreto de la importancia de tener a mano un proceso de resolución de problemas. Podría ser la diferencia entre la vida y la muerte.

En el capítulo 6, hablamos de que no estás en estado de flujo. Te di un ejemplo de cómo la gente a menudo confunde estar en estado de flujo. Esto se debe principalmente a que no son conscientes de los distintos estados que deben estar presentes.

He compartido lo que la gente suele confundir con el flujo. Yo lo llamo piloto automático, pero se conoce más comúnmente como condicionamiento clásico. Operar bajo el supuesto equivocado puede ser, como mínimo, frustrante. Puede hacer que descartes un estado científicamente reconocido. Es uno que proporciona una tremenda ventaja, y no querrá desaprovecharlo.

En el capítulo 7, hablamos de que todo el mundo tiene el mismo reto principal. Saber que todo el mundo tiene el mismo mayor reto es una información muy valiosa.

En primer lugar, una vez que conozcas el mayor reto individual, sabrás dónde debes centrarte. Si tienes los ojos dispersos y buscas respuestas en varios sitios, perderás tiempo y distribuirás tus esfuerzos. Si lo haces, los resultados no serán óptimos.

En segundo lugar, al conocer la verdad, eliminarás obstáculos innecesarios. Sin esos obstáculos, tu confianza se disparará. Tus posibilidades de éxito también mejorarán drásticamente.

Tendrás que cortar leña y acarrear agua. Sin embargo, verás una mejora drástica en tus habilidades, y los resultados se notarán en tu vida.

Por último, hay algo que no he mencionado en el capítulo. Se refiere a los demás. A veces, encuentras a otra u otras personas luchando con un asunto. Cuando los observes luchando por superar el reto, comprenderás mejor el comportamiento que muestran. Puede que incluso proyecten ese comportamiento en ti. Debes saber que tu desafío es interno.

Puede que no te tomes las cosas como algo personal y seas más comprensivo y les ayudes a superar un momento difícil.

En el capítulo 8, hablamos de que tienes acceso a más conocimientos de los que necesitas. Compartí datos para darte una mejor perspectiva de la cantidad de información a la que tenemos acceso y que aún nos queda por descubrir. También compartí los descubrimientos científicos.

Los descubrimientos científicos incluyen la ciencia validada y las teorías aún por demostrar. La ciencia validada incluye pensamientos, información, datos y energía. Las teorías científicas incluyen el Universo de Bloques y la Teoría Cuántica de Campos. También compartí la creencia espiritual del Nuevo Pensamiento conocida como la Ley de la Atracción porque también está siendo examinada científicamente, solo que no por los científicos convencionales.

En los últimos cien años, la ciencia ha validado teorías considerables gracias a los avances tecnológicos. Los avances tecnológicos siguen creciendo exponencialmente. Sin duda, hay más descubrimientos y validaciones en el horizonte.

Mientras tanto, depende de ti aprovechar lo que está científicamente demostrado y lo que aún está por validar. Son herramientas valiosas que no debes ignorar en tu búsqueda del éxito. Te animo a que mantengas la mente abierta y sigas cortando leña y acarreando agua.

En el capítulo 9 vimos que las habilidades son como las herramientas. Funcionan mejor cuando están afiladas. Las habilidades son las herramientas de tu caja de herramientas que te ayudarán a alcanzar el éxito. Es imperativo hacer inventario de esas herramientas y examinarlas. ¿Necesitan afilarse o repararse, o deben desecharse?

También es esencial conocer las diferencias entre las habilidades. Las habilidades duras son las académicas y técnicas. Las "blandas" son las que tienen que ver con las personas. Los empresarios se fijan en ambas para determinar si mereces una entrevista.

En un entorno empresarial, has tenido la oportunidad de clasificar tus competencias y evaluarlas mediante un análisis SWOT.

Ahora deberías comprender mucho mejor tus habilidades y capacidades.

Por último, hemos hablado de las afirmaciones. Las afirmaciones son afirmaciones positivas que se utilizan para reforzar las creencias positivas y aumentar la confianza. Encontrarás una mejora notable en tu estado de ánimo, rendimiento y resultados con más positividad y confianza.

En el Capítulo 10, hablamos de que la vida es más agradable cuando se tienen experiencias positivas. Aquí se le dio la ciencia detrás de las cinco sustancias que afectan a su felicidad. Son la dopamina, la endorfina, la serotonina, la oxitocina y el cortisol.

La ciencia está bien establecida y es inequívoca. Hay cosas que puedes hacer que requieren poco esfuerzo para mejorar el equilibrio de cada una de ellas. Recomiendo encarecidamente que las domines como lo harías con tu dieta o tu rutina de ejercicios.

Sentirse más feliz conducirá a una mayor claridad y rendimiento. También tendrás más experiencias positivas. Por lo tanto, comprender y optimizar estas sustancias es fundamental si quieres aprovechar sus beneficios.

Notarás una enorme diferencia en tus estados mentales y en tus esfuerzos en un breve periodo de tiempo tras comenzar tu nuevo régimen de felicidad. Prestar atención a las señales que se producen es una oportunidad para reevaluar y reequilibrar. Con una mayor conciencia, felicidad y un estilo de vida más saludable, puedes mejorar drásticamente tu estado de ánimo, experiencias, enfoque, productividad y posibilidades de éxito.

En el capítulo 11, hablamos del principal beneficio de trabajar con otras personas, que no es lograr un objetivo común. Cuando se es empresario, se está entre los pocos elegidos que deciden hacer realidad un sueño que otros considerarían imposible o que no merece la pena.

La mentalidad del conserje de la NASA que ayuda a poner un hombre en la luna es genial. Y para ser justos, todo el mundo tiene esos momentos de genialidad. Sin embargo, hace falta algo más que una idea. Se necesita planificación, ejecución, perspicacia, diligencia, perseverancia y mucho más.

Tú eres el empresario con las ideas y las habilidades para ejecutar y cumplir. El objetivo es suyo. Tú diriges el espectáculo y de ti depende obtener resultados. Sin embargo, necesitas la ayuda de otros. Así que reclutas a otros, como el conserje, para que te acompañen.

Tu sueño se convierte en el suyo y, por el camino, vas dominando tus habilidades interpersonales. Te mantienes al día de las últimas tendencias y de los competidores para mantenerte a la par o mantener tu ventaja mientras mejoras y amplías tus habilidades duras.

A medida que mejora cada una de sus habilidades duras y blandas, progresa. Tu equipo también está perfeccionando sus habilidades. Sin embargo, eres consciente de que hay algo más. Es la culminación de tus pensamientos y la mejora de las habilidades de cada uno lo que acaba produciendo los resultados.

Tú, tus colegas y los demás participantes recogen los frutos. La recompensa es estimulante sin excepción, y todo el mundo está extasiado y asombrado. ¿Por qué? Porque tú y tus asociados lograron algo más grande que ustedes mismos.

En el capítulo 12, hablamos de que un instante de cambio puede transformar una vida para siempre. ¿Conoces los cinco principales arrepentimientos de los moribundos?:

1. Ojalá hubiera tenido el valor de vivir una vida fiel a mí mismo, no la vida que los demás esperaban de mí.
2. Ojalá no hubiera trabajado tanto.
3. Ojalá hubiera tenido el valor de expresar mis sentimientos.
4. Ojalá hubiera seguido en contacto con mis amigos.
5. Ojalá me hubiera permitido ser más feliz.[25]

¿Qué es el éxito para ti? ¿Hasta qué punto te tomas en serio tu consecución? ¿Planeas lograrlo en esta vida? ¿O te plantearás estas preguntas cuando llegue el momento de marcharte?

El éxito es cuestión de elecciones. Alcanzarlo no será fácil. Implica riesgo y fracaso. A menos que seas Jim Morrison, Kate Spade, Kurt Cobain, Marilyn Monroe o similares, siempre puedes retirarte o pivotar.

Sí, tomar decisiones puede intimidar y asustar. He compartido historias para demostrar exactamente lo intimidante y atemorizante que puede ser. No hace falta tener pelotas para decidir, sino todo lo contrario. No actuar o poner tu destino en manos de otra persona es lo que debería darte miedo.

En este momento, tienes las capacidades para triunfar y conseguir cosas maravillosas en tu vida. No dudes de ti mismo. Sí, tendrás que trabajar para mejorar esas habilidades. Sin embargo, a lo largo del camino ganarás confianza y te sentirás cómodo con las decisiones difíciles y el cambio. Sé que es cierto porque tengo esa experiencia. Recuerda que sin cambio no hay transformación.

En el capítulo 13, hablamos de por qué siempre debemos cortar leña y acarrear agua. "Escucha, chico, nadie dijo que sería fácil", palabras de Jon Voight. A lo largo de los años, Jon y yo hemos estado de acuerdo y muy en desacuerdo en algunas cuestiones. Cuando pronunció esas palabras, resonaron en mí. Sin embargo, nuestra interpretación difería.

Jon es de la misma época que mi padre. Su generación eligió célebremente percibir la vida como "una batalla". De ahí que "nadie dijo que sería fácil". Sin embargo, mi generación, los baby boomers, eligió percibirla como "un reto". Y afortunadamente, los Millennials y la Gen-Z la ven como un viaje, y simplemente, "es lo que hay".

Te recomiendo que consideres seriamente cómo piensas percibir tu camino hacia el éxito. ¿Buscas ocuparte en sobrevivir a una batalla? ¿Buscas centrarte en conquistar un reto? ¿O prefieres estar presente para adquirir todo el conocimiento que puedas mientras disfrutas del viaje? Antes de empezar a cortar y cargar..... ¡elige sabiamente!

En el capítulo 14, hablamos de cómo romper barreras. Utilicé el deporte de vallas como ejemplo porque se considera el más exigente de todos los deportes en cuanto a preparación y entrenamiento. La condición física por sí sola no es suficiente para ganar una carrera.

Los elementos críticos importantes del mejor rendimiento incluyen la conciencia, el entrenamiento físico y la agudeza mental. Es importante conocer la diferencia entre conciencia y agudeza mental.

La conciencia es el conocimiento o la percepción de una situación o hecho. La agudeza mental es una medida de la capacidad del cerebro para responder a los estímulos. Tiene en cuenta la velocidad y la calidad de la respuesta.

He utilizado el ejemplo de mi vecino Mark para ilustrar cómo podemos ser conscientes de una situación y de la barrera que tenemos ante nosotros. Sin embargo, debido al estrés o a otras cosas, puede que nos falte la conciencia para abrir nuestra caja de herramientas, coger la habilidad o habilidades que necesitamos, solucionar el problema o despejar la barrera.

Cuando te olvidas de cortar leña o de perfeccionar tus habilidades, tu agudeza mental empieza a disminuir. Romper barreras se vuelve más difícil. En otras palabras, debes mantener tus habilidades al mínimo, y eso requiere práctica. Mantente alerta durante el proceso y tus habilidades mejorarán. ¿Sabes lo que necesitas para alcanzar el éxito? ¡Empieza a romper esas barreras!

CAPÍTULO 16

¿Por dónde empezar?

"Incluso el más grande fue una vez un principiante. No tengas miedo de dar el primer paso".

—MUHAMMAD ALI

A todo el mundo le gusta un día libre, especialmente a un niño en la escuela. Ese era yo un día de 1977. Mi padre me despertó por la mañana y me dijo que tenía una sorpresa. Mi padre siempre era muy reservado, así que preguntar era inútil. Me preparé para ir al colegio y bajé a desayunar. No dijo ni una palabra mientras comíamos. "Muy bien, es hora de irnos", dijo.

Subimos al coche y bajamos por el largo camino de entrada. Al final, paró el coche. Me miró y me dijo: "Creo que recordarás este día durante muchos años". ¿Qué significa eso exactamente?

Siguió adelante y giró a la derecha para salir del camino de entrada. Sabía que no íbamos a la escuela. Estaba emocionado. Girar a la derecha significaba que íbamos a una aventura. Otro día libre de la escuela. Y por lo general, ir a la ciudad de Nueva York, pero ¿para qué?

Continuamos por la ruta 22, y eso confirmó mi sospecha. Me dormí y pronto abrí los ojos a la calle adoquinada y las viejas casas de piedra rojiza que se alineaban en la calle. Sí, es Nueva York, mientras avanzábamos por la carretera.

"¿Adónde vamos?" pregunté. Nada, absolutamente nada, mientras continuábamos por la FDR Drive en dirección a la parte alta de la ciudad. Volví a cerrar los ojos y pronto me desperté en Madison Avenue. "Esto te va a encantar", me dijo.

Aparcó el coche y me dijo: "Sal del coche y reúnete conmigo en la limusina que tenemos detrás". Miré varios coches más atrás y pude ver una limusina Lincoln de color negro azabache parada. ¿Por qué íbamos a coger una limusina si ya teníamos coche?

Sin embargo, salí del coche y me acerqué a la limusina. No podía ver a nadie en el coche, no había conductor, solo ventanas negras. Parecía vacía. Abrí la puerta, me incliné hacia delante y metí la cabeza. Las siguientes palabras fueron icónicas. "¡Buenos días, campeón!"

Eché un vistazo a las palabras y me debilité. ¿Debía caerme, subir al coche o hacer que alguien me despertara? Allí estaba sentado, responsable de la primera apuesta que perdí en mi vida contra mi profesora de tercero, la señorita Lindsay. Está claro que estoy soñando.

Silencio, me quedé mudo, sintiéndome estúpido, orgulloso y emocionado. "¡Hola, encantado de conocerte!" Tartamudeé. "Entra en el coche y cierra la puerta mientras esperamos a todos", habló.

Como si fuera ayer. Mi ídolo sentado ante mí con lo que todo niño sueña. Era intimidante, aterrador y pura adrenalina. Era grande, poderoso, carismático, más grande que la vida, y eso era en la televisión. Todo aquello palidecía al compararlo con el campeón Muhammad Ali, sentado frente a mí.

Tuve el honor y el privilegio de pasar un rato a solas y charlar con el Campeón mientras esperábamos. Me hacía preguntas una tras otra y bromeaba cada vez que podía. Fue divertido, incómodo y emocionante. Pude pasar todo el día con él, mi padre y sus amigos. Ese día aprendí mucho de él.

Poco después, el 1 de octubre de 1977, volví a pasar unas horas con él en el partido de despedida de Pelé en el Giants Stadium, ante un público que agotó las entradas y una audiencia televisiva mundial estimada en 500 millones de espectadores. Fue otro día extraordinario, en el que pasé tiempo con el Campeón y conocí brevemente a Pelé y a su esposa.

Durante las décadas siguientes, vería a Muhammad periódicamente. Las palabras nunca fueron suficientes para describirle, ni entonces ni ahora. La última vez que lo vi fue en 2004, en el hotel Beverly Wilshire de Beverly Hills. Estaba en el ascensor y me detuve en una de las plantas al bajar. Se abrieron las puertas y allí estaba él, con un traje marrón claro. Me sonrió, se llevó la mano a la manga y sacó un ramo de flores.

No esperaba verle, y menos a él haciendo magia. Me entregó las flores, guiñó un ojo y susurró: "Keith, ¿sabes que necesito que me las devuelvas?". Fue una gran carcajada, lo último que vería de él, nuestro último momento mágico.

Sin embargo, para mí, el momento más memorable fue el primer día que nos conocimos. Fue en la limusina. Me dijo: "recuerda siempre, si puedes verlo y tu corazón lo cree, puedes conseguirlo", con un rápido golpe de puño. El Campeón no solo me inspiró, sino que me dio fuerzas. Le estaré eternamente agradecido por los momentos y la sabiduría que compartió".

Muhammad compartió otras palabras de sabiduría: "Incluso el más grande fue una vez un principiante. No tengas miedo de dar el primer paso". Ahora es el momento de que te prepares para dar ese paso.

Muhammad nunca subía al ring sin prepararse. Cada pelea requería un entrenamiento exhaustivo. Fueron meses y meses de entrenamiento. Lo mismo ocurre con todos los grandes atletas, artistas, ejecutivos y personas de éxito. Tú deberías esperar lo mismo de ti mismo antes de dar el siguiente gran paso en una empresa.

Empieza por mirarte a ti mismo con lupa. Si has completado el análisis SWOT de tus habilidades duras y blandas, como recomendé anteriormente en el libro, entonces estás bien posicionado. Porque tu duro trabajo pronto se pondrá a prueba, y necesitarás objetividad y honestidad para alcanzar el éxito.

El segundo paso es abordar tu motivación. Antes hemos hablado de motivación interna y externa. Tienes que tenerlo muy claro. Tu determinación para alcanzar el éxito se verá sin duda desafiada en algún momento. Me refiero a una prueba extrema. ¿Quieres esperar a que te lleven al límite? En otras palabras, ¿quiere dedicar tiempo y esfuerzo y luego descubrir que no está dispuesto a llegar hasta el final para triunfar?

Una vez que tengas clara tu motivación, deberías sentirte seguro de que, entre tu motivación y tus habilidades, tendrás éxito. Nunca insistiré demasiado en este punto. La combinación de motivación interna y dominio de las habilidades es el núcleo de tu éxito. Sí, tendrás que cortar leña y acarrear agua para desarrollar tus habilidades como Michael Jordan, 90.000 tiros fallados.

Sin embargo, mejorar tus habilidades a medida que ejecutas tu plan con determinación es donde está. Todo el mundo tiene motivación interna y habilidades. Tú tienes lo que necesitas. La cuestión es si vas a aprovecharlo al máximo para aumentar tus posibilidades de éxito.

En tercer lugar, ¿estás dispuesto a cambiar? El tipo de cambio que produce un resultado muy diferente al que estás acostumbrado. ¿Estás dispuesto a cambiar por un futuro diferente a un coste? ¿Estás dispuesto a aceptar una alteración sustancial de tu vida cotidiana tal y como la conoces? Es importante responder a estas preguntas.

La mayoría de la gente responde que no, y no es por casualidad. La razón es que nuestro cerebro está programado para resistirse al cambio, y por una buena razón. Es un mecanismo de protección.

La parte del cerebro a la que me refiero se llama amígdala. Es uno de los dos grupos con forma de almendra situados en la parte central del cerebro. Su función principal es el procesamiento de la *memoria, la toma de decisiones y las respuestas emocionales* que incluyen el miedo, la ansiedad y la agresividad. Y nos impide hacer cosas estúpidas o perjudiciales que podrían costarnos la vida.

En otras palabras, no va a ser tan sencillo como decir voy a cambiar, y todo se pone en su sitio. Estamos ante una función contraintuitiva que supone un reto continuo. El reto consiste en superar la agenda de la amígdala y lidiar con las hormonas que libera y que están asociadas con el miedo, la lucha o la huida.

Dominar la amígdala llevará trabajo. El pensamiento puede parecer desagradable. Sin embargo, considéralo una oportunidad para abordar tus sentimientos. Porque eso es exactamente lo que harás cuando las sustancias químicas que libera desencadenen tus emociones.

Más importante que el trabajo. El proceso requerirá un nivel de conciencia suficiente para mantener las cosas en el contexto adecuado. Una vez que seas consciente de que la amígdala ha vuelto al trabajo jugando con tus emociones, podrás tomar decisiones conscientes que te beneficien, trascender las hormonas y las emociones, y afectar al cambio que deseas.

Incluso las organizaciones, cuando se les presenta una nueva iniciativa, que no solo es buena sino que tiene toneladas de beneficios, se resisten a ella. Sin embargo, hay buenas noticias.

Podemos superar los costes psicológicos del cambio que se interponen en nuestro camino hacia la felicidad y el éxito centrándonos en tres cosas.

1. La **insatisfacción** con nuestra situación o circunstancias actuales
2. Mantener una **visión** positiva de nuestro futuro
3. Desarrollar los **pasos** para hacer realidad nuestra visión

Existe una fórmula que aborda estos factores de éxito. La fórmula fue creada por *David Gleicher* en la década de 1960 y proporciona un modelo para evaluar los puntos fuertes relativos que afectan al éxito probable de los programas de cambio organizativo.

La fórmula de Gleicher es la siguiente:

DxVxF>R

Insatisfacción x Visión x Primeros pasos > Resistencia

En otras palabras, el dolor de la pérdida es mayor que el poder de la ganancia.

¿No es maravilloso? Ahora comprendemos mejor el panorama general y por dónde empezar. Sí, estoy descontento con mi situación. Sí, estoy dispuesto a cambiar. Sí, entiendo que no es fácil porque mi mente tiene su agenda. Tendré que lidiar con mi cerebro y mis emociones. Sin embargo, Soy consciente de la situación, de lo que hay que hacer y de que poseo lo necesario para superar los retos.

A continuación, ¿hay otros retos que deban identificarse? ¿Cuáles son y cómo puedo superarlos?

Estás identificando los retos, comprendiéndolos, y lo que necesitas para superarlos. ¿Puedes ver cómo lo estás dividiendo en pasos manejables? ¿Ves cómo desarrollar un enfoque sistemático para superar cada reto? ¿Te das cuenta de que hacer primero los deberes te permitirá empezar con buen pie? ¿Te sientes ahora más seguro de poder lograr lo que deseas? Bien, porque la confianza es esencial para lograr tu objetivo. Sin ella, seguramente abandonarás.

Estoy orgulloso de que hayas identificado tus herramientas, tus retos y de que hayas hecho los deberes. Sé que tus posibilidades de éxito son mucho mayores que las de los demás, y tú también deberías estarlo. Ahora estás preparado para el último paso.

Por último, tienes que desarrollar tu plan. Tienes todo lo demás para tener éxito: las herramientas, la motivación y la mentalidad. Desarrollar tu plan será mucho más fácil de lo que piensas.

Es como montar una maqueta de coche o de avión. Tienes todas las piezas y herramientas (con suerte afiladas), y sabes qué aspecto tendrá cuando esté terminado. Lo que no tienes son las instrucciones y el plano.

De nuevo, solo estás resolviendo una incógnita, pero es la más fácil. ¿Por qué? Porque tienes todas las piezas y puedes averiguar cómo encajan, en el peor de los casos, mediante ensayo y error. En otras palabras, lo conseguirás. La cuestión es cuánto tardará.

A nadie le gusta el ensayo y error. No te sugiero que empieces por el método de ensayo y error. Te sugiero que prepares todas las piezas. En otras palabras, determina las piezas necesarias y organízalas antes de empezar a montarlas.

Una vez que las hayas organizado o puesto en orden, tómate un descanso. Dejar el trabajo y despejar la mente es una práctica que ya has hecho y que te sabes de memoria. Puedes volver con la mente despejada, reevaluar tu trabajo y reestructurarlo según sea necesario para optimizar el plan.

Has invertido mucho tiempo y esfuerzo. ¿Hay alguna razón por la que no estés seguro de tener éxito? Si no es así, aborda tu preocupación y resuélvela. Cuando tengas confianza en tu plan y en ti mismo, estarás listo para empezar a ejecutarlo. Recuerda que no necesitas suerte. Tienes algo mucho más grande, como Stefan Mandel, que ganó la lotería. Tienes certeza.

CAPÍTULO 17

Cómo llegar a la meta

"Mantén la vista en la meta y no en la confusión que te rodea".

—RIHANNA

Enhorabuena, te acercas a la meta. Sé que eres inteligente. Gran parte de lo que hemos tratado a lo largo del libro ya lo sabes. Sin embargo, ¿serás lo suficientemente inteligente como para poner en práctica las demás cosas que has aprendido? ¿Volverás a revisar los procesos y técnicas que discutimos para entender, solidificar, reafirmar y fortalecer tus creencias para impactar tu futuro?

¿Es realmente necesario? Piensa en la historia de submarinismo que te conté. El buceador estaba bien entrenado. También tenía muchos años de experiencia. Sin embargo, cuando se vio en peligro, su falta de proceso casi le costó la vida. ¿Estarás preparado para cuando te pongan en una situación difícil? ¿O estará preparado para sacar provecho cuando el momento se cruce con la oportunidad?

Si no te planteas continuamente este tipo de preguntas, tus posibilidades de éxito disminuyen. Debes estar preparado. No cabe duda de que te encontrarás con retos en el camino. Desafíos que apuntan a tus herramientas y a tu confianza. Superarán con creces todo lo que aún no hayas experimentado. Pregunta a cualquier empresario de éxito y te dirá que es cierto.

No quiero que fracases. Será un largo viaje y habrá mucho en juego. Las distracciones serán como mínimo intermitentes o incluso constantes. No dejes que nadie te distraiga. La concentración lo es todo. Dijo Arnold Palmer.

Soy tu entrenador y te digo que te prepares. Confío en que hayas hecho el trabajo.

Antes de que salgas a dar lo mejor de ti, quiero compartir contigo algunas cosas.

En primer lugar, da un paso atrás y aprende a estar presente. Estar presente significa ser plenamente consciente del momento y estar libre de distracciones. Al principio del libro, he explicado cómo procesa la información el cerebro.

Nos bombardean constantemente con estímulos. Los estímulos que se captan se envían al cerebro a través de las neuronas. El cerebro interpreta los estímulos, procesa la información y luego reacciona.

Cuando no está presente, capta menos estímulos o incluso estímulos falsos. Por lo tanto, el cerebro recibe menos estímulos y tiene menos información para interpretar y emitir una respuesta. En consecuencia, la respuesta es menos que óptima.

Por ejemplo, hace poco estaba en Tulum en una tarde nublada con un amigo y vimos que muchas tortuguitas se dirigían al patio del hotel. No teníamos ni idea de lo que estaba pasando.

Fuimos a la oficina del hotel y compartimos la noticia porque estábamos preocupados por las tortugas. Encontramos a una mujer y le explicamos la situación. Le pedimos que nos siguiera al patio.

Cuando volvimos al patio, encontramos al jardinero acorralando a las tortugas. La mujer preguntó al veterano jardinero qué ocurría, y él le explicó que las atraía la luz del patio porque era la única visible. Pensaba acorralarlas y devolverlas al océano.

Resulta que cuando nacen, las tortugas marinas se sienten atraídas por la luz. Por lo tanto, se arrastran hacia la luz más brillante. Cuando están en una playa oscura, es sencillo. Se arrastran hacia la luz de la luna que las guía hacia el océano.

Sin embargo, en este caso, era una noche nublada y la única luz estaba en el patio del hotel. En consecuencia, se dirigieron en dirección contraria. Tenían la falsa impresión de que se dirigían al océano.

En otras palabras, el estímulo era la luz. La luz del patio, no la luz de la luna. La falsa lectura causó la tortugas a elegir la dirección equivocada. Una dirección que podría haber llevado a un resultado peligroso.

Lo mismo podría pasarte a ti si no estás presente. No quiero verte tomar la dirección equivocada innecesariamente. Afortunadamente, puedes evaluar una situación y corregirla. Sin embargo, los errores pueden costarte tiempo, dinero y mucho más.

Otros beneficios que obtendrás al permanecer presente son la mejora de la atención, la vitalidad, la confianza y la felicidad. Te lo recomiendo encarecidamente.

En segundo lugar, acepta que tendrás que cortar leña y acarrear agua. He compartido contigo historias de muchas celebridades que tuvieron que enfrentarse a retos que requirieron un trabajo increíble.

No solo los famosos se enfrentan a estos retos. Einstein y Steven Hawking tuvieron sus desafíos. Einstein sufrió física y mentalmente a causa del estrés. Se divorció, perdió a sus hijos y tuvo que interrumpir su trabajo a causa de la Segunda Guerra Mundial por ser judío. A Steven Hawking le diagnosticaron ELA a los 21 años, y el deterioro de su salud le confinó a una silla de ruedas y a dificultades para comunicarse verbalmente.

Elon Musk se enfrentó al fracaso cuando PayPal fue votada la peor idea empresarial del año en 1999. En 2008, Tesla estuvo al borde del colapso por falta de financiación. Decidió declararse en quiebra y utilizó el dinero que ganó con la venta de PayPal para seguir adelante. Dos años después, Elon estaba oficialmente arruinado. Afortunadamente, los préstamos de amigos le ayudaron a sobrevivir. Musk estuvo a punto de implosionar con SpaceX con tres lanzamientos fallidos de cohetes. Reunió piezas y los últimos recursos para un cuarto lanzamiento y lo consiguió. Esto catapultó a SpaceX a una empresa muy rentable.

No esperes que tus retos sean menores. Tendrás que cortar leña y acarrear agua. Cuando se es empresario, todo es relativo. Experimentarás un estrés extremo y tendrás que seguir cortando leña y acarreando agua.

Tu capacidad para atravesar con éxito esos momentos estresantes determinará tu éxito. No necesitas resolver la teoría de la relatividad o poner un hombre en Marte para tener éxito, pero no pienses que tu nivel de estrés será menor mientras trabajas que el de personas que lograron un éxito mucho mayor. Sin embargo, ten en cuenta lo que diría mi amigo Ian Copeland: "El estrés en la vida debería ser como un Bacardi & Coke, ligero en calorías".

Tercero, aprende a ser un observador en lugar de hacer juicios. Primero, tienes que entender que todos tenemos pensamientos automáticos. Segundo, tienes que ser consciente de tu proceso de pensamiento. Dominar esta técnica te permitirá intervenir antes de tomar una mala decisión.

La meditación es un ejemplo excelente. Te sientas, cierras los ojos y dejas que tu cerebro llene tu mente de pensamientos, si no lo ha hecho ya. Observa los pensamientos, pero no te emociones por nada. Imagina que estás viendo una película. Cuando termines, toma notas de lo que has visto y déjalas. Vuelve más tarde con la mente fresca y revísalas.

Disfruto con el proceso de la correspondencia que recibo. Hace muchos años me di cuenta de que los abogados siempre envían cosas importantes los viernes a las 5 de la tarde. Si leyera la correspondencia, a menudo me arruinaría el fin de semana. Por lo tanto, tengo la costumbre de no revisar nada de los abogados hasta el lunes. Entonces lo leo, tomo notas sobre cualquier cosa importante y lo dejo reposar. Por último, vuelvo horas o días más tarde y lo reviso cuando estoy relajado y tranquilo.

Recuerda lo siguiente:
1. Tú no eres tus pensamientos. No creas todo lo que piensas.
2. Nuestro cerebro está programado para sobrevivir. A veces, tiene su agenda, y tenemos que intervenir.
3. Nuestro cerebro produce pensamientos automáticos. No te emociones; simplemente obsérvalos objetivamente.
4. No te dejes arrastrar por dramas innecesarios cuando los tiempos se pongan difíciles. Tienes la opción de mantener la calma y actuar de forma inteligente y racional.

Ser observador es una herramienta maravillosa. Te será muy útil. Mantendrá tu estrés al mínimo y te llevará a tomar mejores decisiones.

En cuarto lugar, acepta que el cambio es necesario. Eres un emprendedor, un líder, no un seguidor. Buscas el impacto. Y eso requiere pensar de forma creativa y cambiar. Tienes que aceptarlo y estar preparado.

Tu mentalidad es primordial para alcanzar el éxito. Por lo tanto, quieres posicionarte para el éxito. La mejor manera de hacerlo es ver el cambio como una oportunidad para ganar experiencia y alcanzar el éxito que buscas. Emociónate con lo que te espera y afronta cada momento como una aventura divertida.

Prepárate. Empieza a implementar cambios en tu vida para sentirte cómodo. Da pequeños pasos. Levántate del lado opuesto de la cama por la mañana. Bebe al menos un vaso grande de agua con cada comida. A medida que implementes cambios que te sirvan mejor, verás los resultados.

Dale valor a las cosas que haces. Ten un motivo para hacerlas. Haz que cortar leña y acarrear agua merezcan la pena. Reconoce los beneficios y estate presente mientras disfrutas de las recompensas. Piensa más en los beneficios, las oportunidades y las posibilidades. Considera el valor del crecimiento personal para reforzar tu motivación.

Pon papel y lápiz y crea una hoja de ruta factible para el cambio. Hay que tener en cuenta el tiempo necesario para ejecutar la estrategia y obtener resultados. Empieza por los objetivos principales. A partir de ahí, desarrolla una estrategia para alcanzar cada objetivo. Considera las habilidades que necesitarás y desarrolla tu hoja de ruta. Una vez que la hayas completado, tendrás más previsibilidad, confianza y menos estrés.

No escatimes esfuerzos. Estás trabajando para reducir la ambigüedad. Haz preguntas a lo largo del proceso para ganar en claridad, reducir lo desconocido e identificar más oportunidades. Cuanto más consciente seas, más fácil te resultará enfrentarte a los retos del camino.

Aprovecha tus habilidades y monitorízalas a medida que mejoran. Observa cómo ganas eficiencia en tus procesos. Observa cómo se dispara tu confianza y con qué facilidad vas ganando terreno.

A medida que cambias, observa cómo cambian tus procesos. Cómo identificas, desarrollas soluciones y las ejecutas. Observa cómo afrontas las situaciones en comparación con el pasado. Siéntete orgulloso de tu crecimiento personal porque es la prueba de que estás haciendo lo correcto.

Afronta el cambio de frente. Adapta tus mejores habilidades y valores al cambio deseado. Si no te dan el resultado deseado, reagrúpate y considera otras posibilidades para lograr tu objetivo.

Sé siempre positivo. La negatividad genera dudas, pero la positividad genera confianza. Sé positivo y coherente en tus palabras, acciones, comportamiento y motivación. Como explico en mi libro, Disruption Out of a Box, alinear estos elementos producirá resultados positivos.

Todo el mundo tropieza en el camino e incluso llega a bloquearse. Los fracasos son inevitables. "No es cómo te caes. Es cómo te levantas". Esas palabras inmortales las sigue pronunciando el inmortal Joe Namath. Y nada podría ser más correcto. Levántate, sacúdete el polvo, recupera la compostura, reagrúpate y usa tus herramientas afiladas y tu experiencia para conseguir lo que quieres.

¿Tienes tendencia a la pereza? La mayoría de la gente lo es. Si te preocupa tu capacidad para hacer el trabajo, búscate un compañero con el que rendir cuentas. Mejor aún, forma un grupo que se reúna semanalmente para hablar abiertamente de tus retos. Ya traté este tema anteriormente en el libro y cómo puedes capitalizar y resolver problemas mayores.

En quinto lugar, es necesario desarrollar y adoptar un proceso para crear eficiencias y resultados significativos. Si esto te da miedo, no te preocupes. Todo el mundo desarrolla y adopta procesos, sea consciente de ello o no. Puede ser algo tan sencillo como la estrategia que utiliza para tratar con un familiar o compañero de trabajo difícil. O la preparación de su comida favorita.

En caso de que te resulte difícil desarrollar procesos, voy a compartir contigo los pasos básicos para iluminar lo que ya sabes a nivel subconsciente. Antes de sumergirte en ellos, te recomiendo que consideres un proceso que ya tengas y lo plasmes en papel. Cuantas más veces repases los pasos, más evidentes te resultarán. Aumentará tu conciencia de los pasos y, a medida que avances, crear procesos te parecerá rutinario.

1. Identifica el proceso que necesitas y redacta una descripción en la que describas tu finalidad y ventajas. Te recomiendo que empieces por...
2. Esbozar el alcance del proceso. En otras palabras, establece los límites de lo que abarcarás. Incluye lo que el proceso cubrirá y lo que no.
3. Por último, especifica los límites. ¿Cuándo empieza y cuándo acaba?
4. Identifica los recursos que necesitarás. Querrás asegurarte de que tienes lo que necesitas y confirmar que es una solución viable.
5. Por último, considera el tiempo que requiere el proceso. ¿Merece la pena el esfuerzo?
6. Investiga lo desconocido. Como aprendimos en la introducción de nuestro ganador de la lotería, con un poco de investigación se llega muy lejos.
7. Analiza la situación actual para abordar cualquier problema, cualquier cosa que falte o cualquier cosa que deba mejorarse.
8. Desglosa cada paso hasta la pieza más pequeña posible.
9. Ordena los pasos para obtener el mejor resultado.
10. Supervisa tu rendimiento para determinar la eficacia, los cuellos de botella y otras áreas de mejora.

Una vez que sepas cómo crear eficientemente un proceso, verás cómo te ahorrará tiempo. A medida que domines cada proceso y los adoptes, también ganarás confianza y obtendrás resultados cada vez mejores.

En sexto lugar, debes ejecutar. Ejecutar es la clave del éxito. A lo largo del libro, has visto cómo atacar diferentes situaciones con procesos y técnicas. Ha llegado el momento de ejecutar, y para ello necesitarás tus habilidades perfeccionadas y un proceso o plan. Estás preparado para la tarea, así que anímate a la aventura.

Una de las habilidades que debes tener en cuenta es tu capacidad de gestión. Me refiero a la gestión de uno mismo, de los demás, del tiempo y de las situaciones. Por lo tanto, tendrás que organizarte bien, hacer un seguimiento de tus progresos y garantizar el éxito general. Eres el capitán del barco y el resultado depende de ti.

Entonces, ¿por qué no potenciarlo todo para crear aún más eficiencia? Me refiero a delegar o asignar tareas. Dividir tu plan o proceso en segmentos te aislará de que todo vaya mal. Piénsalo como una válvula de cierre en medio de una tubería que te permite detener el flujo del líquido en la tubería. Tú decides cuándo abrir la válvula y dejar que el agua fluya.

Al delegar tareas, las personas trabajarán simultáneamente para resolver distintos retos. La cantidad de tiempo ahorrado podría ser proporcional al número total de tareas. Por ejemplo, quieres preparar una comida de tres platos para tus amigos. Necesitas distintos ingredientes preparados para distintos platos. También hay que preparar y colocar los platos. Si tienes a una persona cortando la comida, otra cocinando, y la otra prepara los platos, pueden terminar antes que una persona haciéndolo todo. Dependiendo de los platos, es posible que los tres trabajen casi simultáneamente y terminen en un tercio del tiempo que tardaría una sola persona.

Aquí es donde entran en juego tus dotes de gestión. Tendrás que supervisar a cada persona para asegurarte de que hacen las cosas bien. Si dos de los tres lo hacen todo correctamente y el otro no, no todo está perdido. Se hace una corrección y la cena se termina en mucho menos tiempo que si lo hace todo una sola persona.

El principio sigue siendo válido aunque seas tú quien lo haga todo. Si lo divides todo en segmentos, tienes la oportunidad de comprobarlo al final de cada segmento. En otras palabras, preparas los ingredientes, los compruebas y los dejas a un lado. A continuación, preparas cada plato por separado y lo compruebas una vez terminado.

Por último, coloca la comida en los platos. Para tener éxito, tendrás que gestionar tus habilidades y tu tiempo.

Como ves, la gestión es fundamental. Puede que no te veas a ti mismo como un gestor, pero para ser un gestor de éxito, tendrás que mejorar cuidadosamente tu capacidad de gestión. Gestionarás personas y expectativas independientemente de si eres el Director General o el Director de Marketing Cofundador, así que hazte a la idea.

En séptimo lugar, te distraerás. Todos luchamos contra las distracciones en cierta medida: el teléfono, el ordenador, los amigos o nuestros pensamientos. Las distracciones son como la motivación. Hay dos tipos: internas y externas. Comprender cada una de ellas te dará ventaja. Te prepararás para ellas y sabrás cómo enfrentarte a cada una, para no desviarte del camino.

Primero están las distracciones internas, que son tus pensamientos y emociones. Por ejemplo, solo tienes una hora para terminar la tarea en la que estás trabajando y luego tienes que recoger a alguien en el aeropuerto. O no puedes concentrarte porque solo piensas en la reciente ruptura con tu novia.

Algunas sugerencias para ayudarte a gestionar tus distracciones internas son las siguientes:

- Considera la posibilidad de cambiar de aires. Durante tus descansos, da un pequeño paseo o haz un recado.
- Haz un plan diario. Programa tiempo para cada tarea. Trabaja en bloques de una hora y luego tómate un descanso. La ciencia demuestra que tu capacidad de concentración es significativamente mayor.
- Ten en cuenta cuál es el mejor momento del día para abordar las tareas más difíciles. Considera la posibilidad de abordar las tareas más difíciles e importantes a primera hora de la mañana.

- Practica la autorregulación para ser consciente de tus comportamientos y pensamientos y controlarlos.
- Encuentra tu lugar feliz. En otras palabras, ¿dónde trabajas mejor? ¿En el parque, en la oficina o en casa?
- La actividad física es maravillosa para reducir e incluso eliminar el estrés.
- Escribir tus pensamientos en un diario es una práctica estupenda. Te permite sacar los pensamientos de tu mente para tratarlos más tarde. No tienes que preocuparte. Olvidarás lo que te atormenta.
- Pon en práctica ejercicios de respiración o música para la transición entre actividades.
- Duerme al menos entre 7 y 9 horas seguidas. Tanto si necesitas tomar melatonina, aceite de CBD o cualquier otra cosa que te sirva, es imprescindible para un rendimiento óptimo.
- Organízate y prioriza las cosas importantes. La incertidumbre puede ser agotadora.

El segundo tipo de distracción son las distracciones externas, las que proceden de fuera de ti. Por ejemplo, la tecnología, otras personas o el ruido.

- Intenta utilizar los siguientes consejos para minimizar o eliminar las distracciones externas.
- Busca un entorno con el mínimo de distracciones.
- Contén las posibles distracciones externas, como el teléfono, las alarmas o el ordenador.

En octavo lugar, ten paciencia. No todo va a ser cómodo ni tranquilo. No te dejes vencer por la paciencia. Si pierdes la paciencia, puedes cometer errores graves. Puedes ofender a alguien importante o dañar algo. Hay que tener la cabeza fría. A continuación te damos algunos consejos para mantener la calma.

- ¡RESPIRA! ¡RESPIRA! ¡RESPIRA! Respirar es siempre el mejor punto de partida. Retener la respiración genera estrés físico y mental, así que ¡RESPIRA!

- Sé un observador. Como observador, crearás espacio y eliminarás el juicio. Apresurarse a juzgar es la causa de muchas decisiones equivocadas. Aléjate de la situación y respira. Dite a ti mismo que es solo una película y no te involucres emocionalmente. Una vez calmado y distanciado, podrás ver las cosas como son y tomar mejores decisiones.

- Sé consciente de los puntos de tensión. Analiza la situación y encuentra la causa. Reaccionar con demasiada rapidez puede no resolver el problema subyacente y solo alimentar más tensiones. Haz preguntas positivas.

- Aprenderás más escuchando que hablando. Desvelar los problemas de forma respetuosa aliviará la situación y ayudará a todos a resolver el conflicto más fácilmente.

- Consigue una opinión objetiva y valorada. Seguro que no lo sabemos todo, así que, en caso de duda, pide una segunda opinión. Anteriormente te di ejemplos de cómo la certeza reduce el estrés. Aquí tienes otra oportunidad.

- No huyas de ser responsable de ti mismo.

Como empresario, también eres un líder. La próxima vez que tu paciencia sea puesta a prueba, úsala como una oportunidad para evaluar tu propósito, vulnerabilidad y madurez como líder. Cuanta más paciencia practiques, más ingenioso, sereno, compasivo y consciente serás como líder.

En noveno lugar, las afirmaciones frecuentes de tus creencias tienen beneficios significativos.

Son poderosas y tienen un efecto increíblemente positivo en nuestras vidas. Los siguientes beneficios te ayudarán enormemente como empresario y en tu vida personal:

- Aumento de la autoestima y la confianza en uno mismo
- Reducción del estrés y la ansiedad
- Aumento del pensamiento positivo
- Mejora de las relaciones
- Mejora de la salud mental
- Mejora del sueño
- Mejora de la concentración y el rendimiento
- Nos ayudan a conseguir nuestros objetivos
- Mayor Felicidad y Positividad
- Mejora de la capacidad para superar patrones de pensamiento negativos

TU GUÍA

Cómo Convertirse en un Empresario de Éxito

"Gestionar tu tiempo hace más fácil gestionar tu vida".

—STEVEN GRIFFITH

Hace cuatro años, estaba en México y conecté con mi amigo Ryan, que casualmente vino a la ciudad de visita. Hablamos de montar un negocio y de cómo sacar provecho de las eficiencias. Durante la conversación, mencionó a uno de sus amigos, Steven Griffith, que también es cliente.

Steven ha publicado recientemente su libro *The Time Cleanse: A Proven System to Eliminate Wasted Time, Realize Your Full Potential, and Reinvest in What Matters Most*. Hicimos una llamada y hablamos con Steven. Inmediatamente, decidí reunirme con Steven a mi regreso a Los Ángeles. Necesitaba conocer mejor sus ideas sobre la gestión del tiempo.

Cuando regresé a Los Ángeles, me puse en contacto con Steven y le propuse que nos reuniéramos. Aceptó y me ofreció asistir a su taller dentro de unas semanas. El taller estaba diseñado para mostrar a la gente cómo sacar provecho de los conocimientos de su libro. Me entusiasmó la idea y acepté asistir.

Llegué temprano. Era en un importante club social del condado de Orange. Había mesas y sillas dispuestas en una gran sala de banquetes para el evento, que duraba todo el día. Me mezclé con personas de éxito de muchos sectores empresariales y tomamos asiento.

Las siete horas siguientes resultaron ser uno de los días más esclarecedores. Steven repasó su libro, concienciando al público a cada paso. Resultaba chocante ver cómo incluso las personas de éxito podían ser tan deficientes en la gestión de su tiempo.

Antes he mencionado que el tiempo es un factor crítico para el éxito. Puedes crear una hoja de ruta para alcanzar tu objetivo con puntos de referencia a lo largo del camino en incrementos medidos por el tiempo. Pero eso no basta.

Para alcanzar tu objetivo, tienes que ser consciente del tiempo y gestionarlo bien. Durante el evento de Steven, el público participó en un ejercicio. Todos respondimos a una serie de preguntas, y cada pregunta estaba vinculada a una cantidad de tiempo. Cuando llegamos al final de las preguntas, se nos pidió que sumáramos todo el tiempo de las preguntas.

El resultado fue sorprendente. Steven pidió a la gente al azar que compartiera la cantidad total de tiempo que estaba perdiendo en una semana. Hay que tener en cuenta que la persona media en la sala trabajaba entre 40 y 72 horas a la semana.

A medida que avanzábamos por la sala, la gente iba compartiendo sus cifras, las horas semanales que trabajaban, las horas malgastadas y las horas malversadas. El primer caballero respondió: 50 horas de trabajo, 16 horas desperdiciadas y 8 horas malversadas. En otras palabras, 24 de sus 50 horas de trabajo, es decir, la mitad, fueron de poco o ningún valor. Y aun así tuvo éxito económico. ¿Te imaginas cuánto más éxito podría tener?

Los resultados mostraron a todo el mundo por qué su objetivo financiero les resultaba tan difícil de alcanzar. Los resultados variaron a medida que avanzábamos por la sala, pero quedó claro cómo todos malgastamos y malversamos el tiempo. Increíblemente, había gente con cifras aún peores.

Mis cifras estaban entre las más bajas, pero incluso yo desperdiciaba 6 horas a la semana y malversaba otras 6 horas, aproximadamente el 20% de mi tiempo de trabajo. Me hizo cuestionarme mis prioridades y hábitos. Si quieres saber cuánto tiempo estás perdiendo o malgastando y cómo mejorar tu eficiencia en el trabajo, te recomiendo encarecidamente que leas *The Time Cleanse: A Proven System to Eliminate Wasted Time, Realize Your Full Potential, and Reinvest in What Matters Most*.

Sí, el tiempo es una constante. No cambia. Por lo tanto, si estableces objetivos vinculados a una línea de tiempo, entonces la ejecución lo es todo.

Tendrás que permanecer atento al tiempo y a las cosas que le ralentizan. Esas cosas pueden ser tu plan, tus procesos e incluso tus hábitos.

He compartido cómo abordar estas cuestiones anteriormente. Antes de empezar a alcanzar un objetivo, tienes que analizar detenidamente tus habilidades para ver si coinciden con tu línea de tiempo. En otras palabras, basándote en tus habilidades, alcanzarás tus objetivos en los plazos que has elegido.

Si la respuesta es afirmativa, estás en buena forma. Si la respuesta es negativa, tiene que hacer una de estas dos cosas. Tu primera opción es mejorar las habilidades que son deficientes para cumplir tus plazos. O la segunda opción, contratar a otras personas con las habilidades necesarias para completar las cosas difíciles para ahorrar tiempo.

Llegados a este punto, debe quedar claro que ser un empresario de éxito requiere mucho. Necesitas, entre otras cosas, conciencia, un plan, habilidades, trabajo duro y resultados. El viaje puede ser interesante, divertido y esclarecedor, o puede ser desafiante, agotador y un viaje que no puedes esperar a terminar. Tu mentalidad marca la diferencia.

Mi objetivo es conocer tu éxito. Quiero que estés entusiasmado con lo que haces y motivado internamente para aprender y tener éxito. Tienes lo que necesitas para completar tu puzzle. Si sientes lo contrario, lo único que necesitas es trabajar en tus habilidades.

Ha llegado el momento de planificar tu camino hacia el éxito. Eres tú quien tiene el objetivo, las herramientas, el plan y la motivación. Todo lo que yo puedo hacer es ser tu guía. Tendrás que cortar leña y acarrear agua. Tú eres el vallista que está a punto de poner los pies en los bloques antes de esprintar hacia la línea de meta.

Lo siguiente es lo que puedo compartir contigo para que te mantengas en tu carril, decidido y confiado. Sin embargo, en última instancia depende de ti terminar la carrera porque ni yo ni nadie podrá poner un pie en la pista. Prepárate y recuerda que, si quieres ganar, tendrás que dar lo mejor de ti mismo.

Ahora es el momento de considerar lo siguiente:

1. ¿Cuál es tu objetivo?
2. ¿Por qué quieres conseguirlo?
3. Cuánto significa para ti conseguirlo?
4. ¿Crees que puedes conseguirlo?
5. Qué posees para poder lograrlo?
6. ¿Cómo alcanzarás tu objetivo?
7. ¿Qué necesitas para alcanzar tu objetivo?
8. ¿Qué aspecto tendrá el éxito?

¿Sabes lo que representa cada una de estas preguntas? ¿Puedes responder adecuadamente a cada una de ellas? Si no es así, no has hecho el trabajo. Y, si te engañas pensando que estás seguro de cada una de tus respuestas, y son erróneas, pronto se revelará la verdad.

Antes dije que quería oír hablar de tu éxito. Es la verdad. No quiero reducir tus posibilidades de éxito manteniéndote en la incertidumbre o la duda. Un buen entrenador te fortalece y te transmite confianza. Y eso es lo que voy a hacer en estas últimas páginas.

Tú tienes tu objetivo. Es personal. Lo ves claro. Háblalo en voz alta. Siente la elevación de tus emociones. Dime lo que sientes. Si no sientes nada, sigue repitiendo el objetivo en voz alta hasta que sientas que tus emociones se activan.

Recuerda la sensación de elevación cuando te oigas hablar de tu objetivo. Dime la razón por la que deseas alcanzar la meta. Incluye todos los detalles que puedas. Tómate tu tiempo y disfruta del proceso.

Cuéntame en el nivel más profundo posible tu Motivación. En otras palabras, ¿qué significa alcanzar la meta? Tendrá que recordar su respuesta. Sé breve y asegúrate de que es una respuesta sincera. Necesitarás la respuesta cuando te encuentres con retos mayores en el camino. Escríbela.

Examina tus creencias o pensamientos sobre el objetivo. Examina tus creencias sobre ti mismo. Dime la razón por la que puedes lograr el objetivo.

Convénceme de que puedes hacerlo. Dime qué Valores tienes que harán posible su consecución. Quiero saber específicamente las habilidades duras y blandas que piensas poner en práctica. Dime qué otros recursos emplearás.

Explícame el nivel de organización que tienes para realizar el trabajo. Dame los detalles de los procesos y técnicas que piensas aplicar para alcanzar tu Objetivo. Comparte conmigo tu confianza.

Dime las Medidas que tomarás para ejecutar tu plan. Además, explícame en qué te apoyarás cuando te enfrentes a retos. En otras palabras, mientras cortas leña y acarreas agua, el hacha puede desafilarse y el cubo agujerearse.

En el libro has aprendido muchas técnicas. Comparte las que dominas y piensas utilizar para superar los retos. Asegúrate de que confías en tus capacidades para realizar el trabajo. Di sin ninguna duda que tú no serás el submarinista que entra en pánico en el techo.

Si completas todo lo que te he pedido, entonces estás preparado para triunfar. Has completado los pasos necesarios para alcanzar tu objetivo. Lo sé porque has compartido tu objetivo en voz alta.

Además, has compartido tu Deseo y las sensaciones que has sentido. Conoces el sentimiento asociado al logro de tu objetivo. Ahora tiene una referencia interna.

Tu motivación está clara. Es interna. Es tu mejor arma. Es más poderosa que el dinero o cualquier otra cosa material. Puedes reflexionar sobre ella y sacar fuerzas de ella. Cuando alcanzas un punto de inflexión, superas cualquier obstáculo. Tienes confianza. Tus creencias son sólidas y puedes lograr tu objetivo. Nadie te convencerá de lo contrario. El trabajo está hecho y estás preparado.

Las herramientas de su caja de herramientas están afiladas. Tu análisis SWOT está completo y has abordado tus debilidades y amenazas. Sabes lo que es importante y los valores que mantendrás para alcanzar el éxito. Nada puede detenerte.

Tu plan está grabado en piedra. Las incógnitas se han minimizado o eliminado. La hoja de ruta incluye los puntos de referencia que necesita para mantenerse centrado. Tienes una estructura y las herramientas para ejecutarlo.

El entrenamiento está completo. Ha llegado el día del partido y estás listo para entrar en acción. También tienes la conciencia, la información, el conocimiento y la sabiduría de tu lado. Estás perfectamente alineado. Nada puede impedirte alcanzar tu objetivo.

Reflexión Final

Era el verano de 1979 en Austin, Texas. Estaba en casa de mi primo en plena noche, de fiesta con Stevie Ray Vaughn y la banda después de una de sus actuaciones en un bar local.

Stevie Ray estaba sentado en el sofá a mi lado, tocando la guitarra. Todos charlamos y compartimos pensamientos. Yo estaba indeciso sobre mi carrera y mi vida, incómodo y francamente desdichado.

Termino de quejarme y me dejo caer en la silla, exhausto y disgustado. Stevie Ray deja de recoger, se detiene un momento, se inclina, me da dos golpecitos en la pierna y, con un movimiento de cabeza y una gran sonrisa, me dice: "Escucha, primo, todos tenemos grandeza. Solo tenemos que dejarla salir".

Tú también tienes grandeza. *"Ahora te toca a ti, así que déjala salir"*.

Glosario

Amianto	Se denomina amianto a un grupo de minerales fibrosos naturales resistentes al calor y a la corrosión.
Audiopercepción	Sentido de la percepción del sonido.
Axones.	Parte larga y filiforme de una célula nerviosa a lo largo de la cual se conducen los impulsos desde el cuerpo celular a otras células.
Bosón	Una partícula subatómica, como un fotón, tiene espín cero o integral sigue la descripción estadística de S. N. Bose y Einstein.
Clariaudiencia	Supuesta facultad de percibir, como por el oído, lo que es inaudible.
Clarividencia.	Supuesta facultad de percibir cosas o acontecimientos en el futuro
Corteza cerebral.	Capa externa que recubre el cerebro.
Corteza prefrontal.	Materia gris de la parte anterior del lóbulo frontal que está muy desarrollada en los seres humanos y desempeña un papel en la regulación del funcionamiento cognitivo, emocional y conductual complejo.

Cortisol.	La principal hormona del estrés aumenta los azúcares (glucosa) en el torrente sanguíneo, potencia el uso de glucosa por parte del cerebro y aumenta la disponibilidad de sustancias que reparan los tejidos.
Cromodinámica cuántica.	Es la teoría de la interacción fuerte entre quarks mediada por gluones.
SWOT	Puntos fuertes, puntos débiles, oportunidades y amenazas
Dietilestibestrol.	Forma sintética de la hormona estrógeno que se recetó a las mujeres embarazadas entre 1940 y 1971 aproximadamente porque se pensaba que evitaba los abortos espontáneos.
Dopamina	Se conoce como la hormona del "sentirse bien". Proporciona una sensación de placer.
Endorfinas	Son sustancias químicas (hormonas) que tu cuerpo libera cuando siente dolor o estrés.
Equilibriocepción	Se refiere a una combinación de procesos por los que un organismo puede percibir su orientación con respecto a la gravedad.
Estado de flujo	Describe una sensación en la que, en las condiciones adecuadas, uno se sumerge por completo en lo que está haciendo.
Fotones	Partícula diminuta que comprende ondas de radiación electromagnética.

Glucocorticoides.	Son corticosteroides que se unen al receptor gluco-corticoide presente en casi todas las células de animales vertebrados.
Gustaocepción.	El gusto (gustaocepción) se refiere a la capacidad de detectar sustancias como alimentos, ciertos minerales, venenos, etc.
Hipotálamo	Estructura situada en las profundidades del cerebro que actúa como de coordinación del control inteligente del cuerpo.
Interoceptores	Receptor sensorial que recibe estímulos del interior del cuerpo, especialmente del intestino y otros órganos internos.
KPI (Indicador clave de rendimiento).	Se trata de metas que le ayudan a medir el progreso con respecto a sus objetivos más estratégicos.
Ley de atracción.	Afirma que todo aquello en lo que concentres tu energía volverá a ti.
Liberación (Flujo).	La etapa ocurre cuando apartas tu mente de la situación. A medida que te separas y sueltas, te conviertes en un observador de la situación.
Lucha (flujo)	En la fase de lucha, la situación te supera y estás fuera de control. La situación supera tu capacidad actual para manejarla.
Macroflujo	Es una potente herramienta de software para el diseño rápido y preciso de sistemas de flujo y térmicos en una

	amplia variedad de aplicaciones de ingeniería.
Mecanorreceptores	Son un tipo de receptores somatosensoriales que estímulo extracelular a la transducción de señales intracelular a través de canales iónicos, mecánicamente.
Melatonina	Es una hormona que produce el cerebro en respuesta a la oscuridad. Contribuye a la sincronización de los ritmos circadianos (reloj interno de 24 horas) y con el sueño.
Memoria ecoica	Es la memoria a muy corto plazo de las cosas que se oyen.
Memoria háptica	El gusto (gustaocepción) se refiere a la capacidad de detectar sustancias como alimentos, ciertos minerales, venenos, etc.
Memoria sensorial.	Es la percepción de la información de la vista, el oído, el olfato, el gusto y el tacto que entra por las cortezas sensoriales del cerebro y se retransmite por el tálamo.
Metilfenidato	Se utiliza para tratar a los niños con trastorno por déficit de atención con hiperactividad (TDAH). Ayuda con la hiperactividad y el comportamiento impulsivo y concentrarse mejor.
Microflujo	Flujo de fluido a través de un dispositivo a microescala.

Nocicepción	Se refiere al procesamiento por parte del sistema nervioso central (SNC) y el sistema nervioso periférico (SNP) de los estímulos nocivos, como las lesiones tisulares y las infecciones de estímulos nocivos, como lesiones tisulares y temperaturas extremas, que activan las nocicepciones y sus vías
Núcleo caudado.	Estructura subcortical en forma de "C" que se encuentra en el interior del cerebro, cerca del tálamo.
Oftalmocepción	Es la capacidad de los ojos para enfocar y detectar imágenes de luz visible en los fotorreceptores de la retina que generan impulsos nerviosos eléctricos para variar los colores, los matices y el brillo.
Olfatocepción	Sentido del olfato.
Osteoporosis.	Enfermedad en la que los huesos se vuelven quebradizos y frágiles por la pérdida de tejido, normalmente como consecuencia de cambios hormonales o de la deficiencia de calcio o vitamina D.
Oxitocina	Hormona liberada por la hipófisis que provoca un aumento de la contracción del útero durante el parto y estimula la eyección de leche hacia los conductos de los senos.
Platonia	Pequeño género de árboles maderables sudamericanos (familia Guttiferae) con hojas opuestas pinnadas y nervadas y vistosas flores rosadas terminales,

	generalmente solitarias, seguidas de bayas globosas comestibles de una sola semilla; véase bacurio.
Precognición	Conocimiento anticipado de un acontecimiento, especialmente como forma de percepción extrasensorial.
Premonición.	Sensación intensa de que algo está a punto de suceder, especialmente algo desagradable.
Propiocepción.	Percepción o conciencia de la posición y el movimiento del cuerpo.
Quimiorrecepción.	La capacidad de percibir estímulos químicos específicos es una las formas evolutivamente más antiguas de interacción entre los organismos vivos y su entorno.
Reacciones electroquímicas	Es un proceso en el que los electrones fluyen entre un electrodo sólido y una sustancia, como un electrolito.
Recepción cutánea.	Tipo de receptor sensorial que se encuentra en la piel (la dermis o la epidermis).
Recuperación (caudal)	Las etapas ocurren en el sueño, donde la experiencia puede integrarse y tiene lugar el verdadero aprendizaje.
Resonancia	Fenómeno en el que una fuerza externa o un sistema vibrante obligan a otro sistema a su alrededor a vibrar con mayor amplitud a una frecuencia de funcionamiento determinada.

Sentido cinestésico.	Sentidos de la posición y el movimiento del cuerpo de los que solo somos conscientes en la introspección.
Serotonina	Es una sustancia química que transporta mensajes entre las células nerviosas del cerebro y por todo el cuerpo.
Subcortex	Es donde procesamos las funciones más primitivas (por ejemplo, la emoción se procesa en la amígdala).
Sulpirida	La sulpirida es un derivado sustituido de la benzamida y un antagonista selectivo de la dopamina D2 indicado para el tratamiento de la esquizofrenia aguda y crónica.
Tactilidad	La condición de ser táctil (relativo a o capaz de ser percibido por el sentido del tacto).
Tactocepción.	El tacto o somatosensación (tactocepción, tactilidad o mecanorrecepción) es una percepción resultante de la activación de receptores neurales en la piel, incluidos los folículos pilosos, la lengua, la garganta y la mucosa.
Telepatía.	Supuesta comunicación de pensamientos o ideas por medios distintos de los sentidos conocidos.
Teoría cuántica de campos	Conjunto de principios físicos que combinan los elementos de la mecánica cuántica con los de la relatividad para

	explicar el comportamiento de las partículas subatómicas y sus interacciones a través de campos de fuerza.
Teoría de cuerdas.	Propone que los componentes fundamentales del universo son "cuerdas" unidimensionales y no partículas puntuales.
Teoría del Universo en Bloques	El universo es un bloque gigante de todas las cosas que ocurren en cualquier momento y lugar. Desde este punto de vista, el pasado, el presente y el futuro existen y son igualmente reales.
Termocepción.	La termocepción se refiere a la sensación de temperatura.
Triptófano.	Es un aminoácido necesario para el crecimiento normal de los bebés y para la producción y el mantenimiento de las proteínas, los músculos, las enzimas y los neurotransmisores del organismo.

Anotaciones

1. https://en.wikipedia.org/wiki/Quark
2. https://en.wikipedia.org/wiki/Gluon
3. https://ourworldindata.org/marriages-and-divorces
4. https://bodytomy.com/how-many-senses-does-human-have
5. https://www.who.int/news-room/questions-and-answers/item/nutrition-trans-fat
6. https://www.abc.net.au/news/science/2018-09-02/block-universe-theory-time-past-present-future-travel/10178386
7. 7.https://en.wikipedia.org/wiki/Plymouth_Rock
8. https://www.sciencedaily.com/releases/2021/12/211217102743.htm
9. https://aiimpacts.org/information-storage-in-the-brain/
10. https://www.psychreg.org/dennis-relojo-howell/
11. https://www.verywellmind.com/classical-conditioning-2794859
12. https://www.owresearchcollective.com
13. https://engineering.mit.edu/engage/ask-an-engineer/what-are-thoughts-made-of/
14. https://reimaginingeducation.org what-is-resonance-energy-transfer-in-photosynthesis/
15. https://en.wikipedia.org/wiki/Resonance
16. https://the-quark.com/neuralink-explained-elon-musks-brain-chip/
17. https://en.wikipedia.org/wiki/String_theory
18. https://en.wikipedia.org/wiki/Law_of_attraction_(New_Thought)
19. https://www.scalarlight.com/blog/article/quantum-field-theory-ex-Plained

20. https://www.sci.news/physics/science-stephen-hawking-black-holes-information-03172.html
21. https://www.nih.gov/news-events/nih-research-matters/dopamine-affects-how-brain-decides-whether-goal-worth-effort#:~:text=Previous%20studies%20have%20shown%20that%20increases%20in%20dopamine,whether%20a%20mental%20task%20is%20worth%20the%20effort.
22. https://www.medicalnewstoday.com/articles/320839
23. https://www.psycom.net/oxytocin
24. https://my.clevelandclinic.org/health/articles/22572serotonin#:~:text=Serotonin%20is%20a%20chemical%20that,blood%20clotting%20and%20sexual%20desire
25. https://my.clevelandclinic.org/health/articles/22187-cortisol
26. https://en.wikipedia.org/wiki/Robert_Downey_Jr.
27. http://www.amazon.co.uk/The-Top-Five-Regrets-Dying/dp/1848509995/ref=sr_1_1?ie=UTF8&qid=1367096226&s-r=8-1&keywords=top+regrets+of+the+dying

Más información sobre Keith Herman

Keith Herman
https://www.keithherman.com

Acciones IPA
https://www.ipaequities.com

Podcast sobre financiación y disrupción
https://fundingdisrupting.com

LinkedIn
https://www.linkedin.com/in/keithherman1/

Twitter
https://twitter.com/KeithHerman1111

Para obtener información sobre descuentos exclusivos por compras al por mayor, compromisos o consultas generales, ponte en contacto con Keith Publishing en business@keithherman.com.

www.ingramcontent.com/pod-product-compliance
Lightning Source LLC
Chambersburg PA
CBHW071308110426
42743CB00042B/1219